Abingdon's

 Bíblica®

Donde la Biblia se hace vida
EN LA CIUDAD DE DAVID

Primarios mayores

Editorial

Este trimestre consta de dos unidades: la primera es el **Nacimiento de Jesús** y la segunda es **Samuel, David y Salomón**. El cumplimiento de la promesa del Mesías es la idea central de este trimestre. Comienza con la profecía de Isaías 9:2-7 y Miqueas 5:2 sobre el nacimiento y el reinado del Mesías, y el restablecimiento del reinado davídico. Las primeras tres lecciones de la primera unidad nos dirigen hasta el nacimiento de Jesús y todos los eventos que le rodearon.

Estas lecciones enfatizan cómo Dios revela su don, con gran gloria, a los humildes (pastores), extranjeros y gentiles (sabios de oriente). Ellos estuvieron dispuestos a dejarlo todo para ir en busca del niñito para adorarle. En estas lecciones también se reconoce la bondad, humildad y obediencia de José, María, Simeón y Ana. Todos ellos servidores fieles de Dios y dispuestos a hacer su voluntad sin importar lo difícil de la encomienda. Sobre todo en estas lecciones se concentran en el nacimiento humilde de Jesús y el cumplimiento de la promesa de Dios de enviar al Mesías.

En la segunda unidad nos relacionaremos con Samuel, fiel profeta de Dios, instrumento para la unción de David como nuevo rey. David se enfrenta a Goliat con gran valentía y su fe puesta en el Dios de Israel. También enfrenta a los jebuseos, unifica las tribus de Israel y establece como capital a Jerusalén. Ante todos sus logros siempre le da la gloria a Dios. En 2 Samuel 7:16, David es recipiente de una promesa divina. *Tu casa y tu reino… tu trono quedará establecido para siempre.* De aquí los profetas y muchos Salmos proyectan la esperanza mesiánica. En Salomón se comienza a cumplir la promesa y se hace realidad en Jesús.

En nuestros tiempos, muchas veces, tanto las personas adultas como la niñez vemos nuestra fe y nuestras esperanzas desechas por promesas no cumplidas. Promesas no cumplidas tanto por personas ajenas, tales como los políticos, personas religiosa etc.; al igual que por familiares y allegados tales como padre, madre, hermanos, hermanas, maestros y amistades. Es por esto que es urgente que recordemos y compartamos con la niñez que: Dios cumplió. Jesús es el Mesías. Éste es el mensaje. ¡Dios cumple sus promesas!

Para el director o la directora de la Escuela Bíblica:
- Antes de entregar el material a su personal de Escuela Bíblica, haga copias de todo el material a ser fotocopiado en los libros de los tres niveles. Pueden ser tres fotocopias por lección.
- Prepare un archivo de cada nivel con las fotocopias de cada lección para que se facilite el proceso de hacer con anticipación las fotocopias de cada clase.
- Puede preparar un taller para entregar Zona Bíblica® a sus maestros y maestras para que se puedan familiarizar con todos los elementos y explicar el proceso de fotocopiado del material que habrán de seguir.
- Si tiene grupos bilingües, también puede ordenar el libro de Bible Zone® a Cokesbury.

Para los maestros y las maestras:
- Familiarícese con todos los elementos de Zona Bíblica®: Guía del maestro, Accesorios de Zona®, Transparencias y el disco compacto.
- Los objetivos de la lección están integrados a la Historia bíblica (trasfondo bíblico). Casi siempre los puede encontrar en los últimos párrafos.
- Estudie la lección con anticipación y determine los materiales a usar. Asegúrese de tener todas las fotocopias y los materiales que se van a usar en la clase.
- Cada lección le provee varias actividades. Determine cuáles va a realizar, y considere el tiempo y el espacio disponible. Modifique la lección de acuerdo a las necesidades de sus estudiantes, pero asegúrese de cumplir con los objetivos de la clase.
- Involucre a papás y mamás en el proceso de aprendizaje bíblico de sus hijos e hijas. Envíe al hogar la Zona Casera® semanalmente.

Éstas son algunas sugerencias para el mejor uso de este material en Zona Bíblica®. Maestros y maestras, ¡que Dios les bendiga.

Carmen Saraí Pérez
Editora, Zona Bíblica®

Otros títulos disponibles de *Abingdon Press*:

Zona Bíblica® de *Abingdon*
Pre-escolar
Paquete de DIVERinspiración®

Zona Bíblica® de *Abingdon*
Primarios menores
Paquete de DIVERinspiración®

Escritora: Delia Halverson
Editora: Carmen Saraí Pérez
Editor de desarrollo: Pedro López
Editor de producción: Pablo Garzón
Director de diseño y producción:
R.E. Osborne
Diseñador: Roy C. Wallace III
Fotógrafo: Sid Dorris
Ilustradores: Susan Harrison, Charles Jakubowski, Megan Jeffery, Jim Padgett, Terry Sirrell
Traductora: Dania Mejía
Traductor de los cánticos: Julio Vargas

Abingdon's

Primarios mayores

Donde la Biblia se hace vida

EN LA CIUDAD DE DAVID

Abingdon Press
Nashville

Zona Bíblica® de Abingdon
Donde la Biblia se hace vida
EN LA CIUDAD DE DAVID
Primarios mayores

Copyright © 2008 Abingdon Press

Todos los derechos reservados.

Ninguna parte de esta trabajo, EXCEPTO DE LOS PATRONES Y PÁGINAS SEÑALADAS CON UNA NOTA AL PIE, puede ser reproducida o transmitida en ninguna forma o por ningún medio, electrónico o mecánico, incluyendo fotocopiado y grabación, o por ningún sistema de recuperación y almacenaje de datos, con excepción de lo estipulado por la Ley de Derechos de Autor de 1976 o con permiso, por escrito, del editor. Las peticiones para permisos deben someterse por escrito a: Abingdon Press, 201 Eighth Avenue South, Nashville, TN 37203, por fax al (615) 749-6128, o enviadas por correo electrónico a permission@abingdonpress.com.

• AVISO •
SÓLO LOS PATRONES / PÁGINAS marcadas como Reproducible pueden ser duplicadas para usarse en la iglesia local o la escuela de la iglesia.
En tales páginas se incluye el siguiente aviso de derechos de autor, que debe aparecer en la reproducción:

Permiso de fotocopiado otorgado para el uso de la iglesia local. © 2008 Abingdon Press.

A menos de que se especifique lo contrario, las citas de la Escritura son de Biblia Dios habla hoy (versión popular),
© 1994, 2000, Sociedades Bíblicas Unidas. Usada con permiso.

ISBN 978-0-687-64794-1

Créditos de arte:

Arte en las páginas 16, 20, 56, 63, 86, 115, 140 y 152 por Susan Harrison; arte en las páginas 28, 160, 164, 170 y las Transparencias 1-3 por Charles Jakubowski; arte en la página 166 por Megan Jeffrey; arte en las páginas 44 y 147 por Jim Padgett; arte en las páginas 27, 32, 52, 100, 116, 124, 128 y 159 por Terry Sirell.
Todo el arte © 2004 Abingdon Press, con excepción de la página 166 (© 1999 Abingdon Press).

Los créditos de las canciones aparecen en la página 177.

**El disco compacto no se provee en este material.
Visitar Cokesbury.com/español para ver la disponibilidad de estas canciones
para descargar electrónicamente.**

08 09 10 11 12 13 14 15 16 17—10 9 8 7 6 5 4 3 2 1
HECHO EN LOS ESTADOS UNIDOS DE AMÉRICA

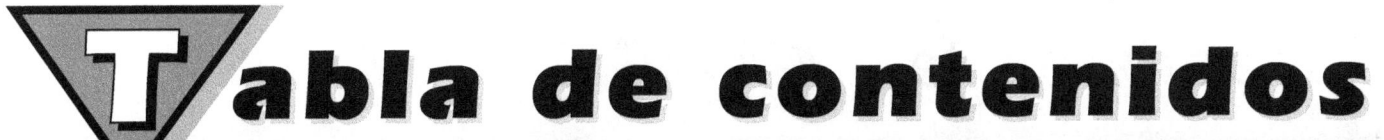

En la ciudad de David

Unidades bíblica en la Zona	6
Acerca de la Zona Bíblica	7
Bienvenidos a Zona Bíblica	8
Primarios mayores	9
La profecía	10
El sueño de José	22
La ciudad de David	34
Se cumple la profecía	46
Simeón y Ana	58
Los sabios de oriente siguen la estrella	70
Samuel unge a David	82
David el músico	94
David y Goliat	106
David y Jonatán	118
David el rey	130
David unifica al reino	142
Salomón el rey sabio	154
Zona de arte	166
Zona de juegos	168
Nombres bíblicos/Promesas (Lecciones 2 y 5)	169
Etiquetas	170
Oraciones de clausura (Lecciones 1–6)	171
Oraciones de clausura (Lecciones 7, 9–13)	172
Explorar los Salmos/Haz una caja (Lecciones 8 y 9)	173
Conectar los Proverbios (Lección 13)	174
Comentarios de usuarios	175

Unidades en la  Bíblica

Nacimieno de Jesús

Historia bíblica	Versículo bíblico
La profecía	Miqueas 5:2
El sueño de José	Mateo 1:23
La ciudad de David	Lucas 2:7
Se cumple la profecía	Lucas 2:11
Simeón y Ana	Lucas 2:32
Los sabios de oriente siguen la estrella	Mateo 2:2

Samuel, David, Salomón

Historia bíblica	Versículo bíblico
Samuel unge a David	1 Samuel 16:7
David el músico	Salmo 150:3
David y Goliat	Salmo 56:4
David y Jonatán	Proverbios 18:24
David el rey	Salmo 37:3
David unifica al reino	2 Samuel 7:28
Salomón el rey sabio	1 Reyes 2:3

Sobre la  Bíblica

Accesorios de ZONA:

Los Accesorios de Zona® son juegos y materiales de apoyo para contar historias, y se encuentran en el Paquete de DIVERinspiración® de la Zona Bíblica.® Algunos Accesorios de Zona® son artículos de consumo y deberán ser reemplazados. Aquí se proporcionan para la comodidad del maestro.

- bumeranes de plástico
- margaritas inflables
- pañuelo de colores de algodón
- pelotas de playa inflables
- ranas afelpadas con manchas de neón
- gallitos plásticos de bádminton
- pelotas saltarinas
- binoculares de plástico
- flautas de plástico
- arañas de vinilo que se estiran
- pelotas inflables de rana
- globos
- banderitas de carreras de autos
- disco compacto

Materiales:

- Biblia para cada estudiante
- tocadiscos de discos compactos
- papel, papel de construcción, papel para dibujar, papel celofán y tarjetas de fichero
- marcadores de felpa y crayones, lápices, marcadores de tinta permanente
- pizarrón y tiza o pizarrón blanco
- mesa pequeña, mantel blanco, mantas viejas
- retazos de telas de diferentes colores
- velas pequeñas (de té)
- maletas, maletín
- proyector de transparencias
- herramientas de grabado (clips o sujetapapeles, broquetas de madera, cuchillos de plástico)
- ropa (incluyendo una bufanda larga)
- un documento sellado o lacrado
- esponjas
- tijeras, perforador
- pegamento blanco, cinta adhesiva transparente, cinta adhesiva protectora [masking tape]
- paletitas de artesanía
- pintura, pintura al temple (para muros, hecha con pigmento, cola y agua), pinceles (estropajos de algodón)
- centavos
- bicarbonato de sodio, vinagre, azúcar morena, margarina o mantequilla, avena, harina de trigo, azúcar, huevos, azúcar glas, sal, extracto de almendra, pintura vegetal roja
- libros
- botones u otros objetos para contar
- cestas de lavandería
- bolsas blancas de papel tamaño emparedados
- frascos de vidrio o plástico, frascos vacíos de alimento para bebés, botellas de cuello angosto, botellas de refresco
- olla y cuchara de cocina, cuenco, cacerola, bandeja de hornear, bandeja para galletas, vaso de vidrio, espátula, molde de aluminio para pastel, embudo
- canasta o bolsa de papel
- escalera pequeña
- cajas, cartón
- ligas de goma
- tierra, arcilla, arena, una rama de arbusto, ramitas, una concha marina grande, piedras
- sobres, revistas, periódicos
- cuerdas o cintas, hilo de tejer, cordel
- canasta de artículos comestibles
- jarra de leche y una botella de agua
- reglamento o instructivo
- linterna eléctrica
- palo de escoba o pértiga
- detergente de trastes
- una foto de tu templo
- bolsas y bote de basura
- bolsas resellables de plástico
- calendario
- opcional: palitos de madera afilados (para insertar en las manzanas), tablas sujetapapeles, trajes de la época bíblica, cortina de baño de color claro o sábana blanca, cinta adhesiva (duct tape), pantalones de mezclilla viejos (blue jeans)

Bienvenido a la  Bíblica

Donde la Biblia se hace vida

Diviértase aprendiendo acerca de las historias bíblicas favoritas del Antiguo y Nuevo Testamentos. Cada lección en esta guía del maestro esta llena de juegos y actividades que llenarán el aprendizaje de DIVERinspiración® para usted y sus estudiantes. Con sólo algunos materiales adicionales, todo lo que el maestro necesita está incluido en el Paquete de DIVERinspiración® de la Zona Bíblica® de *Abingdon*.

Cada lección contiene un recuadro llamado En la Zona®:

 **Dios quiere que compartamos nuestros dones y talentos con otra**

que se repite una y otra vez a través de la lección. En la Zona® declara el mensaje bíblico con palabras que sus estudiantes pueden aplicar a sus vidas.

Use las siguientes recomendaciones para que su viaje a la Zona Bíblica® esté lleno de DIVERinspiración® y sea ¡todo un éxito!

- Lea cuidadosamente cada lección. Lea los pasajes bíblicos.
- Memorice el versículo de la Biblia y el lema de En la Zona®.
- Escoja las actividades que se adapten a su grupo de estudiantes en particular y al tiempo que tenga disponible para dar la clase.
- Lea la historia de la Zona Bíblica®.
- Reúna los Accesorios de Zona® que usará para la lección.
- Reúna los materiales que necesite para la lección.
- Aprenda la música para la lección del disco compacto de DIVERinspiración®.
- Acomode su salón de tal manera que haya lugar para que sus estudiantes se muevan libremente y se puedan sentar en el piso.
- Fotocopie las páginas reproducibles para la lección.
- Fotocopie la página para estudiantes Zona Casera®.
- Fotocopie cualquier página reproducible (páginas 166-174).

Primarios mayores

Cada estudiante en su clase es un hijo o hija de Dios. Cada estudiante tiene su propio nombre, historia, situación familiar y conjunto de experiencias. Es importante recordar y celebrar las diferencias de cada estudiante. Sin embargo todos y todas tienen algunas necesidades comunes. Todos sus estudiantes necesitan:

- amor,
- un sentido de autoestima,
- sentir la satisfacción de obtener logros,
- tener un lugar seguro para ser ellos y ellas mismas y expresar sus sentimientos,
- estar rodeados de personas adultas que les amen,
- experimentar el amor de Dios.

Sus estudiantes de primaria mayores (de 9 a 12 años de edad) también tienen algunas características en común.

Sus cuerpos
- Están experimentando rápidos cambios físicos y emocionales.
- Sus cuerpos gastan mucha energía, algunas veces, dejándoles letárgicos.
- Hay muchas variaciones de desarrollo físico y emocional dentro de las edades que comprenden este grupo de estudiantes. Son distintos el uno del otro y distintos a lo que fueron hace sólo un corto tiempo.

Sus mentes
- Son pensantes concretos.
- Hacen sus planes de manera pragmática, trabajan hacia conclusiones lógicas.
- Les gusta identificar y expresar actitudes, ideas y sentimientos acerca de la desigualdad y el trato injusto de las personas.
- Les gusta reír y pueden ser simples.
- Están listos y listas para desarrollar actividades y habilidades bíblicas desafiantes.
- Están listos y listas para incrementar y usar un vocabulario relacionado a la fe cristiana.
- Tienen la capacidad de entender a la gente y lugares desconocidos por ellos.

Sus relaciones
- Quieren ser parecidos a todas sus amistades, pero reconocen que no lo son.
- En diferentes etapas de su desarrollo personal, pueden tener problemas aceptándose a sí mismos y a otros.
- Pueden parecer sofisticados cuando adoptan el lenguaje de los adultos.
- No les gusta parecer vulnerables e inocentes.
- Están comenzando a identificarse como personas aparte de sus familias.

Sus corazones
- Necesitan personas adultas que se preocupen en modelar actitudes y comportamientos cristianos.
- Necesitan verbalizar experiencias y preguntas acerca de la fe y Dios.
- Necesitan servir a la comunidad y al mundo en compañía de otras personas.
- Necesitan sentir que tienen una relación personal con Dios.
- Necesitan un sentido de pertenencia a la iglesia y a la comunidad de fe.

La profecía

Entra a la

Versículo bíblico
Belén... pequeña entre los clanes de Judá, de ti saldrá un gobernante de Israel.

Miqueas 5:2b

Historia bíblica
Isaías 9:2-7; Miqueas 5:2

Estos versículos de Isaías, que tradicionalmente los cristianos interpretan como una descripción del reino mesiánico de Jesucristo, originalmente celebraba la entronización del rey en tiempos de Isaías (probablemente el rey Ezequías). Isaías estuvo más dispuesto que otros profetas a conectar el reino de Israel con el reino de Dios. Cada vez que se entronizaba a un nuevo rey, resurgía la esperanza de que éste, siendo del linaje de David, traería la salvación para el pueblo hebreo, por tanto tiempo oprimido.

Isaías 9:2 nos habla de una gran luz para quienes habían caminado en la oscuridad. Aunque la mayor parte de las referencias bíblicas interpretan la oscuridad como símbolo de: caos, miedo, ignorancia, tristeza e incluso muerte. La oscuridad también puede simbolizar los años cuando las cosechas fallan o cuando el pueblo es amenazado por otras naciones conquistadoras. Los símbolos de guerra en este pasaje indican la anticipación de una luz que vencerá estos sufrimientos (la llegada de un rey que será "Admirable consejero", que habrá de tomar decisiones justas como representante del "Dios todopoderoso" quien los librará y establecerá la paz). Este "Padre eterno" amará a toda la gente, como los niños y las niñas son amados por padres. La palabra hebrea para paz (shalom), tiene un significado más amplio que la mera ausencia de guerra. Indica una condición donde prevalecen la prosperidad, la salud y la felicidad, y por eso el Mesías sería llamado "Príncipe de Paz"

Los cristianos interpretan el pasaje de Miqueas como otra profecía del nacimiento del Mesías. El nacimiento de Jesús en la ciudad de David y el que fuese descendiente de David, confirmaron que Jesús era el Mesías. Belén se había convertido en el punto de convergencia para quienes esperaban al Mesías. Ante la pregunta de los sabios de oriente respecto al nacimiento del rey, Herodes recurre a los principales sacerdotes y escribas indagando por una respuesta. Ellos le responden en Mateo 2:6, citando a Miqueas 5:2.

En la gran esperanza de los pasajes de Isaías y Miqueas, donde se apunta al nacimiento de Cristo, "la pequeña Belén brilla como la luz de un nuevo día".

Dios prometió enviar un Salvador a su pueblo.

Vistazo a la

ZONA	TIEMPO	MATERIALES	ACCESORIOS DE ZONAS
Acércate a la zona			
Entra a la Zona	5 minutos	tocadiscos de discos compactos, página 170, cinta adhesiva	disco compacto
Mesa de celebración	5 minutos	páginas 171 y 172, Biblia, mesa pequeña, mantel blanco, tela de colores, vela, tijeras (opcional: sobres)	ninguno
Zona Bíblica®			
Comienza la primera unidad	5 minutos	ninguno	corona de terciopelo
Disfruta la historia	5 minutos	Reproducible 1A	ninguno
Arma el rompecabezas	5 minutos	Reproducible 1B, Biblias y lápices	ninguno
Corona de Adviento	10 minutos	Reproducible 1C; papel para manualidades verde y rojo, tijeras, lápices, tablero de dados o carpetas, pegamento	ninguno
Profecía de salto peligroso	5 minutos	tarjetas para notas, lápices	corona de terciopelo
Zona de Vida			
Aprende la canción	5 minutos	Reproducible 1E, tocadiscos de discos compactos	disco compacto
Alabanza y oración	10 minutos	Reproducibles 1D y 1E, página 171, mesa de celebración, tocadiscos de discos compactos, vela, cerillos o encendedor	disco compacto

Los Accesorios de Zona® se encuentran en el **Paquete de DIVERinspiración®**.

PRIMARIOS MAYORES: LECCIÓN 1

Acércate a la Zona

Escoja una o más actividades para sumergir a sus estudiantes en la historia bíblica.

Materiales:
tocadiscos de discos compactos
página 170
cinta adhesiva

Accesorios de Zona®:
disco compacto

Entra a la Zona

Toque cantos de Adviento/Navidad **(disco compacto, pistas 1-8),** como trasfondo. Salude a cada estudiante. Si no se conocen, pida que se pongan las etiquetas con su nombre (página 170).

Diga: ¡Bienvenidos a Zona Bíblica! Estoy muy feliz de que estén aquí. ¡Este es un lugar divertido donde aprenderemos a conocer la Biblia!

Materiales:
páginas 171 y 172
mesa pequeña
mantel blanco
tela de colores
vela
Biblia
tijeras
opcional: sobres

Accesorios de Zona®:
ninguno

Mesa de celebración

Pida a un o una estudiante que haya llegado temprano que le ayude a preparar la mesa de celebración. Use una mesa pequeña y cúbrala con un mantel blanco. En el centro coloque un retazo de tela cuyo color corresponda a la estación del año cristiano:

Estación	Tiempo	Color	Significado
Adviento	4 domingos antes de Navidad	púrpura/ azul	realeza de Cristo/esperanza
Navidad	Nochebuena hasta Epifanía	blanco/ dorado	pureza/realeza
Epifanía/ ordinario	enero 6 hasta Cuaresma	verde	crecimiento
Cuaresma	Miércoles de ceniza hasta Resurrección	morado	arrepentimiento
Resurrección	Resurrección hasta Pentecostés	blanco	pureza
Pentecostés	50 días después de Resurrección	rojo	fuego del Espíritu Santo
Tiempo ordinario	entre Pentecostés y Adviento	verde	crecimiento

Añada una vela y la Biblia

Antes de la clase, haga fotocopias y recorte las oraciones de clausura (páginas 171 y 172). Cada semana dará una a una niña o a un niño diferente. Puede colocarla en un sobre.

Pida a un estudiante que se prepare para leer la oración de la Lección 1 en la sección de alabanza y oración. Entregue a ese estudiante una copia de la oración (página 171).

Escoja una o más actividades para sumergir a sus estudiantes en la historia bíblica.

Comienza la primera unidad

Diga: Nuestro tema para este trimestre es "En la Ciudad de David". Durante estas primeras seis sesiones veremos por qué creemos que Jesús es el Mesías, el enviado de Dios. Jesús nació en Belén, que era conocida como la Ciudad de David porque el rey David también nació allí. *(Levante la corona de terciopelo)*. Esta corona la vamos a usar para que nos ayude en nuestro tema de este trimestre. Cada vez que ustedes quieran hablar, levanten la mano, y se les arrojará la corona. Solamente hablará la persona que esté usando o sosteniendo la corona. De esa manera podremos escuchar lo que se está diciendo. Vamos a hacer una prueba. Todos van a tener una oportunidad para decir su nombre y decirnos sobre algo que esperaban recibir o esperaban que ocurriera. Cuando estén listos, levanten su mano, y les arrojaré la corona. Cuando hayan terminado, arrójenla a alguien que tenga la mano levantada.

Materiales:
ninguno

Accesorios de Zona®:
corona de terciopelo

Disfruta la historia

Reparta el **Reproducible 1A** y asigne las partes para "Las promesas de Dios". Pida a sus estudiantes que lean sus partes; ayúdeles con cualquier palabra que se les haga difícil leer o pronunciar. Lean juntos la letanía. Diga: **Estos versos fueron escritos muchos años antes del nacimiento de Jesús. Después de su muerte sus amigos leyeron estos versos y creyeron que era una profecía sobre su nacimiento.**

Materiales:
Reproducible 1A

Accesorios de Zona®:
ninguno

Arma el rompecabezas

Reparta el Reproducible 1B, las Biblias y los lápices. Anime a sus estudiantes para que encuentren el lema de En la Zona: "Dios promerió enviar un Salvador a su pueblo".

Materiales:
Reproducible 1B
lápices
Biblias

Accesorios de Zona®:
ninguno

```
Y N R U E K X H Z M
W P R O M E T I O P
P Y M S U B S U N U
A F A B P A S K V E
R I B Q D I O S N B
A N I R B U K D C L
U J L S I U N Y P O
M X E N V I A R U G
R S A L V A D O R I
```

PRIMARIOS MAYORES: LECCIÓN 1

Historia de la  Bíblica

La promesa de Dios

(Basada en Isaías 9:2-7)

Por Delia Halverson

Líder: Quienes andaban en la oscuridad vieron una gran luz

Todos: Y brilla sobre todos los que viven en la tierra de sombras y oscuridad.

Grupo 1: Señor, tú has hecho fuerte a nuestra nación.

Grupo 2: Por ti, la gente está alegre y celebra...

Voz 1: Como trabajadores en el tiempo de la cosecha...

Voz 2: O como soldados que se reparten lo ganado.

Grupo 1: Tú has quebrantado el poder de quienes abusan y esclavizan a tu pueblo.

Grupo 2: Tú les has rescatado igual que salvaste a tu pueblo de Madián.

Voz 3: Las botas que hacen resonar los soldados...

Voz 4: Y los uniformes manchados de sangre...

Voces 3 y 4: Serán quemados, destruidos por el fuego.

Todos: Un niño nos es nacido.

Grupo 1: Un hijo nos ha sido dado, y será nuestro gobernante.

Grupo 2: su nombre será:...

Voz 1: Admirable consejero..

Voz 2: Dios invencible...

Voz 3: Padre eterno...

Voz 4: Y Príncipe de paz.

Líder: Su poder nunca terminará; y la paz no acabará.

Grupo 1: Él gobernará el reino de David y lo fortalecerá

Grupo 2: Él siempre gobernará con honestidad y justicia.

Todos: El Señor Todopoderoso hará todos esto.

Reproducible 1A

Permiso de fotocopiado otorgado para el uso de la iglesia local. © 2008 Abingdon Press.

ZONA BÍBLICA®

Busca las palabras

En el buscapalabras que sigue, encuentra y circula las palabras de En la Zona: "Dios prometió enviar a un Salvador a su pueblo". Toma en cuenta que puedes encontrar las palabras en forma horizontal pero también vertical.

```
Y N R U E K X H Z M
W P R O M E T I O P
P Y M S U B S U N U
A F A B P A S K V E
R I B Q D I O S N B
A N I R B U K D C L
U J L S I U N Y P O
M X E N V I A R U G
R S A L V A D O R I
```

PRIMARIOS MAYORES: LECCIÓN 1 **Reproducible 1B**

Permiso de fotocopiado otorgado para el uso de la iglesia local. © 2008 Abingdon Press.

Hacer una corona de Adviento

Use un círculo de cartón de ocho pulgadas de diámetro para la base. Usando el patrón para la hojas, recorte 20 o 25 hojas de papel de construcción verde. En el mismo material pero rojo, recorte pequeños círculos para las bayas. Pegue las hojas sobre la corona haciendo un círculo en el exterior. Recorte las cinco velas, y dóblelas de acuerdo con las instrucciones. La lengüeta al final de cada vela es para que se pegue a la corona. Pegue cuatro de las velas a igual distancia del círculo de las hojas. Pegue la quinta vela en el centro de la corona. Cuando se doblen, las velas quedarán planas. Pegue las bayas en la base de las velas. Los domingos de Adviento y Navidad desdoble las velas en orden y lea las Escrituras, dejando las velas levantadas.

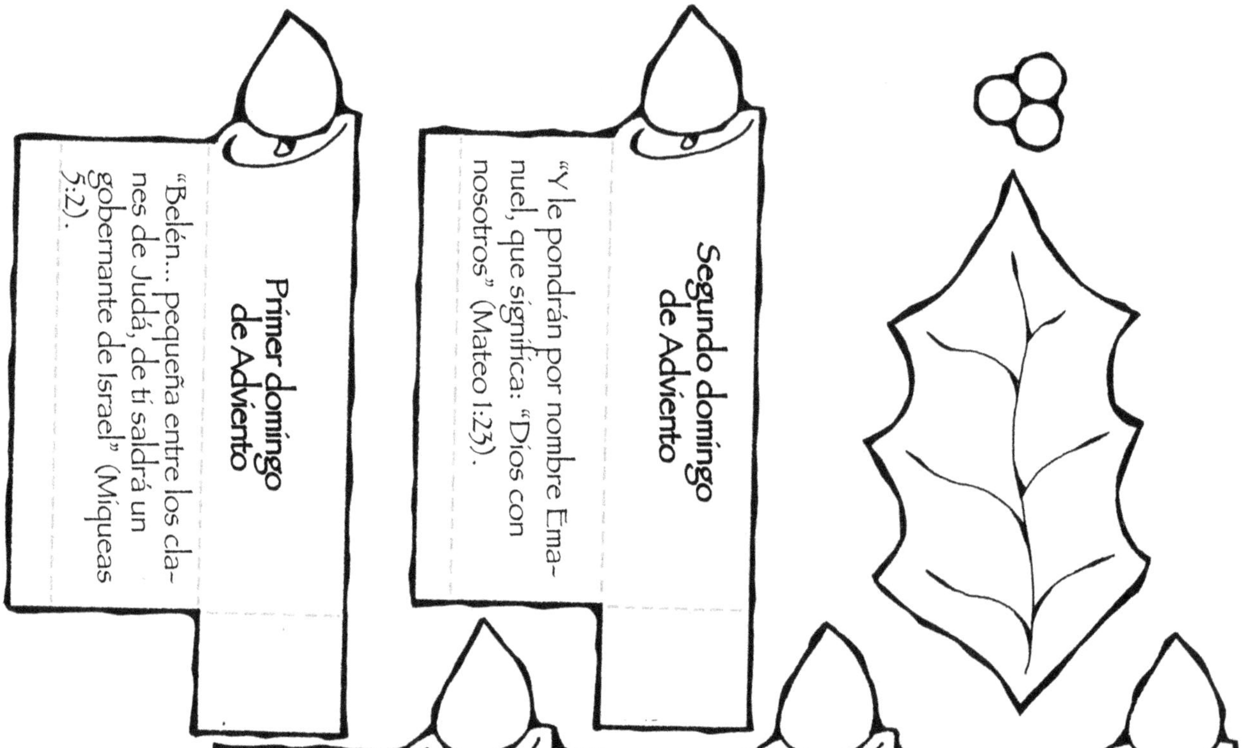
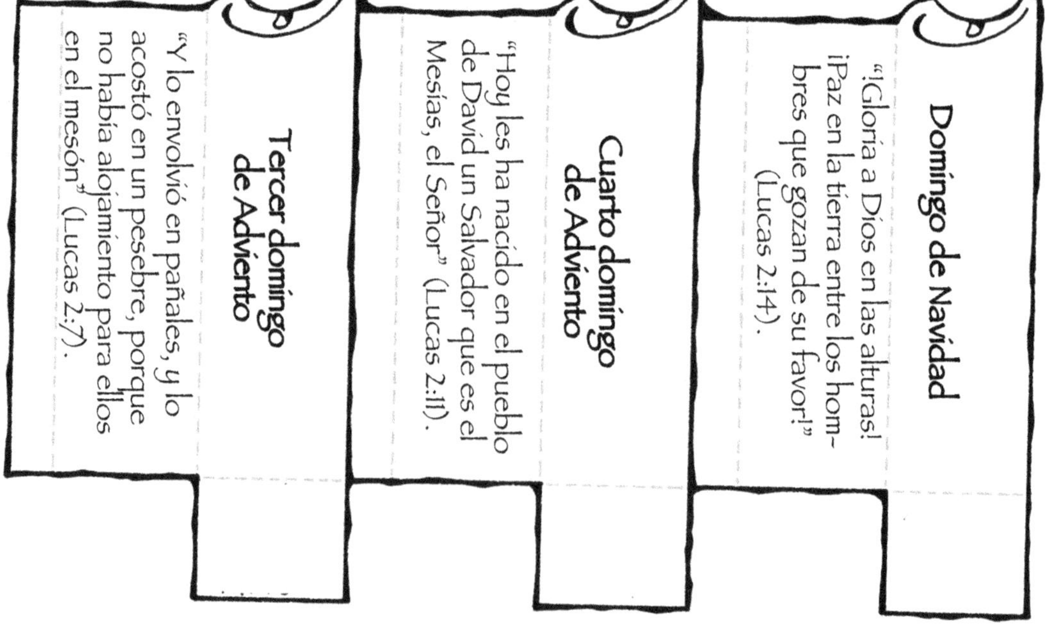
Primer domingo de Adviento
"Belén... pequeña entre los clanes de Judá, de ti saldrá un gobernante de Israel" (Miqueas 5:2).
Segundo domingo de Adviento
"Y le pondrán por nombre Emanuel, que significa: 'Dios con nosotros'" (Mateo 1:23).
Tercer domingo de Adviento
"Y lo envolvió en pañales, y lo acostó en un pesebre, porque no había alojamiento para ellos en el mesón" (Lucas 2:7).
Cuarto domingo de Adviento
"Hoy les ha nacido en el pueblo de David un Salvador que es el Mesías, el Señor" (Lucas 2:11).
Domingo de Navidad
"¡Gloria a Dios en las alturas! ¡Paz en la tierra entre los hombres que gozan de su favor!" (Lucas 2:14).

Corona terminada

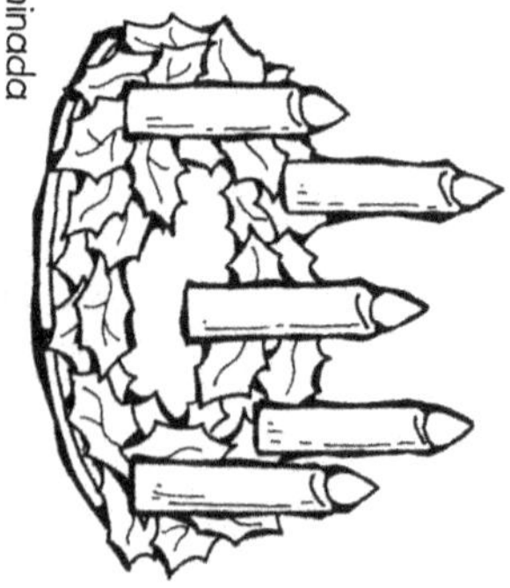

Doblar en las líneas punteadas

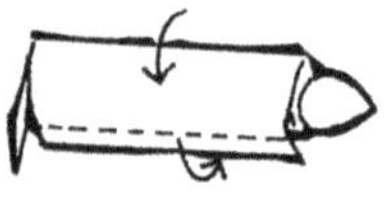

Reproducible 1C

Escoja una o más actividades para sumergir a sus estudiantes en la historia bíblica.

Corona de Adviento

Antes de la clase, recorte un círculo de ocho pulgadas en cartón para cada estudiante de manera que sirva de base para la corona de Adviento. Haga un modelo de la corona para que sus estudiantes la vean.

Reparta el **Reproducible 1C,** tijeras, pegamento, papel de construcción de color verde y rojo, y los círculos de cartón.

Diga: Éste es el primer Domingo de Adviento. El Adviento es un período de cuatro semanas en que nos preparamos para Navidad pensando en la necesidad del mundo de un Salvador, nuestra propia necesidad de un Salvador, y cómo Jesús satisface esas necesidades. Haremos una Corona de Adviento para que la usen en casa (*muestre el modelo de corona*)**. Cada semana ustedes levantarán una de las velas, que revelarán el pasaje de la Biblia que leerán cada semana con su familia. El día de Navidad levantarán la vela del centro.**

Asegúrese de que entienden las instrucciones en el reproducible.

Materiales:
Reproducible 1C
tijeras
papel de construcción verde y rojo
lápices
círculos de cartón (use carpetas si no puede encontrar cartón)
pegamento

Accesorios de Zona®:
ninguno

Profecía de salto peligroso

Entregue a cada estudiante dos o tres tarjetas para notas y pida que escriban en ellas diferentes cosas que les gustaría hacer en el futuro. Estas deben ser cosas desconocidas para las personas en la clase (por ejemplo: visitar Disney World). Recoja las tarjetas en la **corona de terciopelo** y revuélvalas bien. Saque una tarjeta a la vez y léala. Cuando se lea, el niño o la niña que tenga idea de quién escribió la tarjeta tendrá que saltar para contestar. Quien salte primero podrá contestar en forma de pregunta: "¿quién es Julia?"

Si la pregunta identifica a la persona que escribió la tarjeta, entonces ese estudiante se pondrá de pie, y todos en la clase aplaudirán. Si es incorrecta, la persona que trató de adivinar se debe sentar, y la siguiente persona que salte tratará de contestar. Permita dos respuestas incorrectas, y después diga algo como: "¿La persona que quiere ir Disney World podría ponerse de pie?" La persona que escribió esa tarjeta se levantará y todos aplaudirán. Continúe hasta que se lean todas las tarjetas.

Nota: Si tiene una clase muy grande, use sólo una tarjeta por persona. Si se le acaba el tiempo, lea las tarjetas que quedan y pida que cada estudiante se ponga de pie para que les aplaudan.

Materiales:
tarjetas para notas
lápices

Accesorios de Zona®:
corona de terciopelo

ZONA de vida®

Escoja una o más actividades para que la Biblia cobre significado en la vida diaria.

Materiales:
Reproducible 1E
tocadiscos de discos compactos

Accesorios de Zona®:
disco compacto

Aprende el cántico

Reparta el **Reproducible 1E**. Lea la información sobre "Ve, di en la Montaña", después aprendan el cántico **(disco compacto, pista 2)**. Diga a sus estudiantes que usará este cántico como señal para reunirse durante las próximas semanas.

Cuando comience la música, todos deben comenzar a cantarla e ir hacia la mesa de celebración para su tiempo de Alabanza y oración.

Materiales:
Reproducible 1D y 1E
página 171
mesa de celebración
tocadiscos de discos compactos
vela
cerillos o encendedor

Accesorios de Zona®:
disco compacto

Alabanza y oración

Cante "Ve, di en la montaña" **(Reproducible 1E; disco compacto, pista 2)**, invite a la clase a la mesa de celebración para el tiempo de alabanza y oración. Invíteles a observar la vela que ha colocado sobre la mesa.

Pregunte cómo la vela se relaciona con la historia bíblica de hoy (*el pueblo andaba en tinieblas, y la llegada del Mesías fue la luz*). Encienda la vela y comente sobre el color del paño que cubre la mesa; mencione que es el apropiado para la estación.

Reparta el **Reproducible 1D**, el "Noel africano". Escuchen el canto **(disco compacto, pista 5)** y cántenlo.

Puede usar este canto durante su tiempo de alabanza y oración en algún otro domingo durante esta Unidad.

Pida a el o la estudiante, a quien asignó al comienzo de la clase, a que cierre la Lección 1 con la oración (página 171): "Nuestro Dios, te damos gracias por enviar a Jesús para mostrarnos el camino a la vida. Ayúdanos a seguirlo en todo lo que hagamos. Amén".

Haga una copia de Zona Casera® para cada estudiante en su clase.

ZONA BÍBLICA®

Casera para estudiantes

Galletas de amanecer

En algunas traducciones de la historia de Navidad (Lucas 1:78b), a Cristo se le relaciona con la aurora. Este término es el comienzo de un nuevo día, o el inicio de una nueva era. Haz galletas de amanecer para recordar que Cristo trajo la luz al mundo.

Haz masa dulce para galletas y extiéndela. Solamente corta una docena de galletas a la vez, para pintarlas sin hornear de manera que no se sequen. Coloca las galletas sobre una bandeja para hornear galletas. Prepara pintura de yema de huevo de la receta que está abajo. Usando brochas pequeñas, pinta colores de amanecer en las galletas. Hornea las galletas como se indica en la receta, pero asegúrate de que no se quemen, para conserva los colores claros.

Pintura de yema de huevo: mezcla 1 yema de huevo con ¼ de cucharada de agua. Divide la mezcla divide la mezcla en tres tazones o tazas. Añade suficiente colorante para comida color rojo, amarillo o naranja a cada taza para hacer un color brillante. Si la pintura se espesa, añade una gotas de agua.

Alternativa: compra galletas preparadas y tubos de escarcha de dulce de color rojo, amarillo y naranja. Diseña el amanecer en las galletas usando los tubos de escarcha.

Zona para pensar

Jesús vino para traer luz a un mundo en tinieblas. ¿Cómo puedo compartir la luz de Cristo con otras personas

LUMINARIAS

Puedes hacer luminarias para recordar a Cristo como la luz que vino a un mundo que estaba en tinieblas.

Vas a necesitar una bolsa blanca de papel, arena, una vela pequeña, y marcadores o crayones. Decora el exterior de la bolsa con símbolos de Navidad, usando los marcadores y crayones.

Dobla la orilla de la boca de la bolsa más o menos una pulgada para hacerla más estable. Llena la bolsa, más o menos dos pulgadas, con arena. Coloca la vela pequeña en el centro de la arena, asegúrate de que no toque la bolsa.

Nota: Para hacer más seguro el candelero, vierte un poco de cera derretida en el fondo de un frasco de vidrio y coloca la vela en la cera suave en el centro del frasco. Luego coloca el frasco en la arena en el fondo de la bolsa. Es mejor si la vela no sobresale el borde del frasco.

Versículo para memorizar

Belén... pequeña entre los clanes de Judá, de ti saldrá un gobernante de Israel.

Miqueas 5:2

Dios prometió enviar un Salvador a su pueblo

PRIMARIOS MAYORES: LECCIÓN 1

Cántico de

Noel africano

Cántale, cántale, Noel, Noel
Cántale, cántale, Noel, Noel

Cántale a Noel
Cántale a Noel
Cántale a Noel
Cántale a Noel
(Noel, Noel)

Cántale a Noel
(Noel, Noel)

Cántale, cántale, Noel, Noel
Cántale, cántale, Noel, Noel

LETRA: Canción folklórica de Liberia; trad. por Julito Vargas
MÚSICA: Canción folklórica de Liberia
Trad. © 2008 Abingdon Press, admin. por The Copyright Co., Nashville, TN 37212

Cántico de

Ve, di en la montaña

Ve, di en la montaña,
sobre los montes
por do quier;
ve, di en la montaña
que Cristo ya nació.

Pastores sus rebaños
de noche al cuidar,
con gran sorpresa vieron
gloriosa luz brillar.

Ve, di en la montaña,
sobre los montes
por do quier;
ve, di en la montaña
que Cristo ya nació.

Y luego, asombrados
oyeron el cantar
de ángeles en coro
las nuevas proclamar.

Ve, di en la montaña,
sobre los montes
por do quier;
ve, di en la montaña
que Cristo ya nació.

LETRA: Himno folklórico americano; adapt. por John W. Work; trad por Anita González
MÚSICA: GO TELL IT ON THE MOUNTAIN; arm. por John W. Work
© 2008 Abingdon Press, admin. por The Copyright Co., Nashville, TN 37212

Detrás del himno

Este canto viene de un espiritual que fue armonizado por John Wesley Work, Jr., un maestro de Fisk University en Nashville, Tennessee, al principio del siglo veinte. También escribió algunas de las estrofas y la publicó en 1907, junto con otros cantos, en un pequeño panfleto titulado "Folk Songs of the American Negro".

Su hijo, John W. Work III, recordaba cómo su padre se levantaba antes del amanecer cada mañana de Navidad y llevaba a los Fisk Jubilee Singers (un grupo que su padre dirigía) a caminar por el campo de la universidad cantando himnos de Navidad. Este era uno de los favoritos de los estudiantes. Después de cantar por la universidad se reunían con todos los estudiantes y la facultad en el comedor para un servicio de luces de Navidad y para desayunar.

El sueño de José

Entra a la

Versículo bíblico
"...Al que pondrán por nombre Emanuel" (que significa: "Dios con nosotros").

Mateo 1:23b

Historia bíblica
Mateo 1:8-23

Comenzaremos este trasfondo con una breve explicación de las tres etapas del matrimonio judío del primer siglo, de manera que el relato de Mateo tenga sentido para nosotros hoy día.

Etapa 1: Compromiso. Este compromiso lo concertaban los padres y generalmente los hijos no sabían con quién se estaba haciendo ese arreglo matrimonial.

Etapa 2: Desposorio. Esto sellaba el compromiso, que antes de esta segunda etapa se podía romper. Durante el desposorio la pareja estaba oficialmente casada y se consideraban esposo y esposa, aunque todavía no vivían juntos. Solamente el divorcio o la muerte podían terminar con el año que duraba el mismo; de allí viene la referencia bíblica a "una virgen viuda".

Etapa 3: Matrimonio. La boda y el matrimonio propiamente se llevaban a cabo al final del año de desposorio.

Mateo escribe para convencer a los judíos que Jesús era el Mesías esperado. Por cientos de años se había profetizado la llegada del Mesías. Durante esos años habían surgido muchos falsos Mesías. Mateo comienza su Evangelio con una genealogía para establecer la legitimidad de Jesús y teje paralelos entre la vida de Jesús y las profecías bíblicas.

De la genealogía, Mateo pasa al predicamento de José y María. Escuchamos del sueño de José y las instrucciones que le da el ángel de cómo debe llamar al niño. El nombre sería Joshua (o en griego = Jesús (Jehová es salvación), porque él salvará al pueblo de sus pecados. La afirmación del ángel de que María había concebido siendo virgen (literalmente, "doncella" o "hija soltera"), una vez más, es un paralelo a las profecías que anunciaban la llegada del Mesías.

De acuerdo con la fe judía del tiempo de Jesús, el Espíritu Santo le indicaba a las personas qué hacer y decir y cómo reconocer las verdades divinas en todas las circunstancias de la vida. Cuando Mateo dice que Jesús es concebido por el Espíritu Santo, está colocando a Jesús en una situación muy singular como alguien que puede salvar al pueblo y ayudar a la gente a conocer a Dios. Jesús fue "Emanuel" o "Dios con nosotros", Dios encarnado, la encarnación de la verdad de Dios, ayudándonos a reconocer la verdad sobre Dios y sobre nosotros mismos.

Jesús es el Salvador prometido por Dios.

Vistazo a la

ZONA	TIEMPO	MATERIALES	ACCESORIOS DE ZONAS
Acércate a la zona			
Entra a la Zona	5 minutos	tocadiscos de discos compactos, página 170, cinta adhesiva	disco compacto
Mesa de celebración	5 minutos	página 171, Biblia, mesa pequeña, mantel blanco, tela de colores, vela, José y María de una escena navideña	ninguno
Busca el mensaje	5 minutos	Reproducible 2B, marcadores, Biblias	ninguno
Zona Bíblica®			
Encuentra los nombres bíblicos	10 minutos	página 169, Biblias, tijeras (opcional: libro de significado de nombres)	corona de terciopelo
Disfruta la historia	5 minutos	Reproducible 2A (opcional: vestuario)	ninguno
Símbolos de la Navidad	5 minutos	Reproducible 2C, pizarra, pizarra blanca u hoja grande de papel, tiza o marcador	corona de terciopelo, tubo de agua celestial
Sigue el laberinto	5 minutos	Reproducible 2D, Biblias y lápices	ninguno
Zona de Vida			
Una manga de viento	10 minutos	ver página 30	ninguno
Alabanza y oración	10 minutos	Reproducibles 1E y 2E, página 171, mesa de celebración, tocadiscos de discos compactos, Biblia, figurillas de Navidad, velas, cerillos o encendedor	disco compacto

Los Accesorios de Zona® se encuentran en el **Paquete de DIVERinspiración®**.

PRIMARIOS MAYORES: LECCIÓN 2

Acércate a la

Escoja una o más actividades para capturar el interés de sus estudiantes.

Materiales:
tocadiscos de discos compactos
página 170
cinta adhesiva

Accesorios de Zona®:
disco compacto

Entra a la Zona

Tenga tocando la música de Adviento/Navidad (disco compacto, pistas 1-8). Salude a cada estudiante con una feliz sonrisa.

Diga: ¡Bienvenidos a Zona Bíblica! Estoy muy feliz de que estén aquí. ¡Este es el divertido lugar donde aprenderemos a conocer la Biblia!

Si no se conocen, pídales que se pongan las etiquetas con su nombre (página 170).

Materiales:
páginas 171 y 172
mesa pequeña
mantel blanco
tela de colores
vela
figuras de José y María
Biblia
tijeras
opcional: sobres

Accesorios de Zona®:
ninguno

Mesa de celebración

Pida a un o a una estudiante, que haya llegado temprano, que le ayude a preparar la mesa de celebración. Cubran la mesa y añada una vela, una Biblia y un retazo de tela del color que corresponda a la estación del año cristiano que estemos celebrando (de acuerdo con las instrucciones de la página 12). Para esta sesión comience un nacimiento de Navidad colocando a José y María a un lado de la vela (no coloque el pesebre ni otro personaje en el nacimiento).

Pida a un estudiante que se prepare para leer la oración de la Lección 1 en la sección de alabanza y oración. Dé a ese estudiante una copia de la oración (página 171).

Materiales:
Reproducible 2B
marcadores de colores
Biblias

Accesorios de Zona®:
ninguno

Busca el mensaje

Reparta el **Reproducible 2B,** los marcadores de colores y las Biblias. Asegúrese de que sus estudiantes entienden las instrucciones.

Una vez que hayan completado sus mosaicos y encontrado el pasaje bíblico, pregunte qué les recuerdan los colores en el trasfondo del diseño (los colores representan un amanecer). Busquen Lucas 1:78b y pida que alguien lo lea.

Diga: En la traducción de Reina Valera sobre la historia de Lucas sobre la Navidad, se refiere a Cristo o el Mesías como "la aurora", el comienzo de un nuevo día, o el inicio de un nueva era (los estudiantes que hayan leído su Zona Casera de la semana pasada sabrán esto).

Escoja una o más actividades para sumergir a sus estudiantes en la historia bíblica.

Encuentra los nombre bíblicos

Antes de la clase, fotocopie y recorte las referencias bíblicas por separado (página 169).

Pregunte si alguien en la clase conoce lo que significa su nombre. Si tiene un libro con significados de nombres, úselo para buscar el significado de los nombres de sus estudiantes. Algunos nombres no tendrán definición. Pase la **corona de terciopelo** para animar a sus estudiantes a hablar uno a la vez.

Reparta Biblias y las referencias bíblicas que recortó con anterioridad. Pida a sus estudiantes que trabajen por parejas para buscar el nombre de una persona en el pasaje asignado.

Pasaje bíblico	Nombre	Definición
Génesis 21:1-7	Isaac	Él que ríe
Génesis 25:24-26	Esaú	Velludo
Génesis 25:24-26	Jacob	El que agarra
Génesis 35:16-18	Benjamín	Hijo de la mano derecha
Éxodo 2:1-10	Moisés	Salvado de las aguas
1 Samuel 1:19-20	Samuel	Dios ha escuchado
1 Samuel 16:12	David	Amado
Oseas 1:1	Oseas	Jehová salva
Mateo 16:18	Pedro	Piedra/roca

Mencione cada nombre, y el significado que le corresponde. Luego pida a sus estudiantes que busquen el versículo de hoy en Mateo 1:23. Léanlo juntos.

Pregunte: ¿El significado de qué nombre encontraron en este versículo?

Materiales:
página 169
tijeras
Biblias
opcional: libro de significado de nombres

Accesorios de Zona®:
corona de terciopelo

Disfruta la historia

Use el **Reproducible 2A** para desarrollar un monólogo donde usted (o alguien que usted elija), con la vestimenta apropiada, representará a José narrando la historia. Después de la historia puede repartir el Reproducible 2A para que sus estudiantes lo lleven a casa.

Nota: Otra opción para desarrollar el monólogo es, simplemente, leerlo.

Materiales:
Reproducible 2A
opcional: vestuario

Accesorios de Zona®:
ninguno

PRIMARIOS MAYORES: LECCIÓN 2

Historia de la  Bíblica

¡Qué sueño!

(*Basada en Mateo 1:18-23*)

Por Delia Halverson

Mi nombres es José. No sé por qué mis padres me pusieron ese nombre. Tal vez me pusieron ese nombre por el hijo de Jacob que vivió hace muchos tiempo. Tal vez recuerden la historia de aquel José. Él soñó que sería más importante que sus hermanos, y los hizo enojar mucho. Así que lo echaron a un pozo y luego lo vendieron a una caravana de mercaderes que iban rumbo a Egipto. Su vida en Egipto fue dura hasta que José descubrió que sus sueños podían ayudar a la gente a prepararse para el futuro. El ayudó al gobernante de Egipto, y con el tiempo él nombró a José como oficial del gobierno. José también, ayudó a su familia, dándole alimentos cuando todos se estaban muriendo de hambre.

Me dicen que mi nombre significa "Que Jehová añada hijos". Tal vez porque José fue uno de los hijos más pequeños en la familia de Jacob, o sea uno de los últimos en nacer. En cualquier caso, lo que quiero decirles es cómo otro niñito recibió su nombre. Les hablo de mi hijo. Al menos, yo tenía responsabilidad legal por él. El nombre era importante, porque le ayudó a él y a quienes le rodeaban a saber quién era él. Pero déjenme comenzar por el principio.

En mi juventud estaba comprometido con una joven mujer llamada María. Imaginen que golpe cuando ella me dijo que iba a tener un bebé y que el Espíritu Santo de Dios era el responsable. ¿Qué le iba a decir a la gente? ¿Qué sería peor? ¿Dejarles pensar que estaba mintiendo y que el bebé era mío? ¿o hacer que me creyeran y que a su vez me siguieran recordando que el bebé de mi esposa no era mío? ¿o dejarles creer que María había perdido la razón? Siempre traté de hacer lo correcto, y lo correcto en esta situación parecía ser, evitar avergonzar a María en frente de todos.

Así que decidí suspender la boda calladamente. Pero una noche tuve un sueño que cambió mi decisión y también cambió mi vida. En el sueño, un ángel llegó y me dijo "José, sabes que María va a tener un bebé. Este es un bebé especial del Espíritu Santo. Así que no tengas miedo de casarte con ella". ¡Qué alivio! María no estaba loca, y yo no iba a perder la mujer con quien había planeado casarme.

Hasta donde a la gente le pudiera interesar, yo sería el papá del bebé. Como papá, mi responsabilidad sería darle nombre al bebé. El ángel en mi sueño me ayudó con esta responsabilidad. Su nombre sería Josué como el líder que dirigió al pueblo a la Tierra Prometida. En hebreo Josué significa "Dios salva", pero lo llamamos por su nombre arameo: Jesús. Por medio de él, Dios salvaría al pueblo de sus pecados.

Hay una profecía en la Biblia que dice que una joven mujer tendría un hijo, y sería llamado "Emanuel" que significa "Dios con nosotros". Este niñito Jesús, a quien nosotros criamos, creció para mostrar a todas las gentes que Dios estaba con nosotros. Desde el principio supe que él sería especial, aunque no viví para verlo convertirse en un gran maestro.

¡Y es que los Josés, somos unos soñadores! Siempre voy a recordar mi sueño. Cambió mi vida y cambió al mundo. ¡Ser el padre del Salvador! ¡Qué gran sueño convertido en realidad!

Reproducible 2A

Mensaje escondido

Colorea este diseño de mosaico de acuerdo con el siguiente código. Esto revelará una palabra escondida.

Después vean Mateo 1:23 y escribe el mensaje de la palabra sobre la línea.

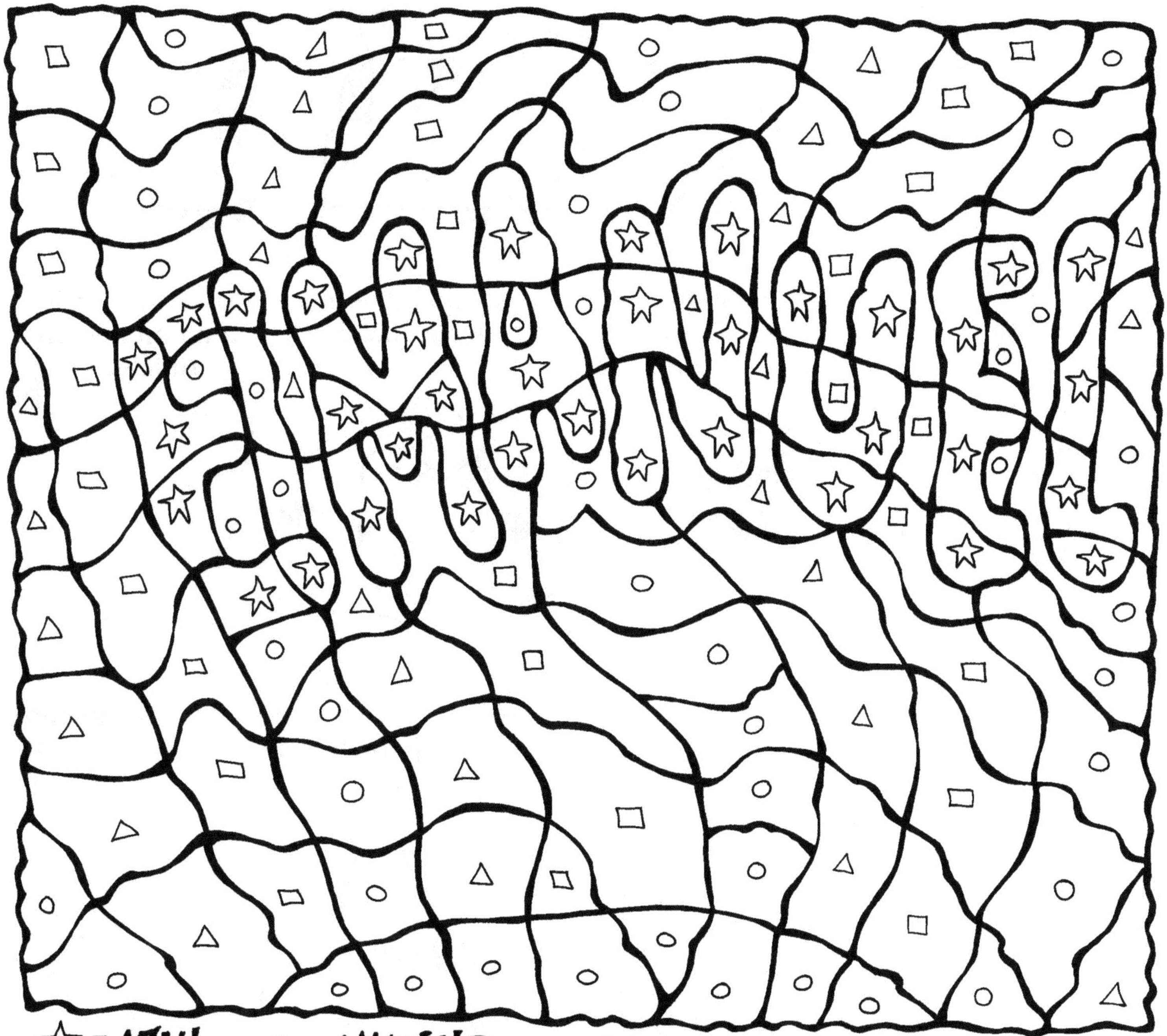

☆ = AZUL   ○ = AMARILLO   △ = NARANJA   □ = ROJO

La palabra es _____,

Y significa _____.

PRIMARIOS MAYORES: LECCIÓN 2   **Reproducible 2B**

Símbolos de la Navidad

Los ángeles anunciaron el nacimiento de Cristo.

Celebrando la llegada de Cristo.

La ciudad donde Jesús nació.

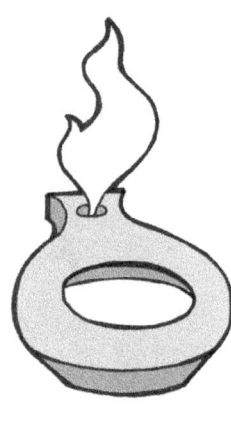
Cristo trajo la luz a un mundo en tinieblas.

Jesús vino a traer paz. La paloma es un símbolo de paz.

El amor de Dios es para siempre.

Jesús es el regalo de Dios para el mundo.

Cristo nació para todo el mundo.

Los pastores que cuidaban a sus ovejas fueron los primeros en visitar a Jesús.

La estrella les mostró el camino a los sabios de oriente.

Anunciando la llegada de Cristo.

El amor de Dios no tiene fin, igual que un círculo no tiene fin.

Reproducible 2C

Permiso de fotocopiado otorgado para el uso de la iglesia local. © 2008 Abingdon Press.

ZONA BÍBLICA®

Escoja una o más actividades para sumergir a sus estudiantes en la historia bíblica.

Símbolos de la Navidad

Siéntense junto a sus estudiantes formando un círculo.

Diga: Cuando alguien está manejando y llega a una intersección, no tendría sentido tener una señal que dijera: "Puede notar que algo viene por su derecha o izquierda, o derecho hacia usted con la intención de girar a la izquierda a la derecha. Tal vez sería bueno que metiera su freno y se detuviera para poder evaluar que acción sería más apropiado tomar". En lugar de tal señal, sería mejor tener un letrero de alto que diga simplemente lo que se espera que hagan los conductores. Un símbolo es la manera en que comunicamos grandes ideas en maneras pequeñas. Nosotros aprendemos a asociar información o historias con objetos, imágenes, logos, fotografías, sonidos, aromas, e incluso sabores. **Miren este** tubo de agua celestial, **¿Cuántos símbolos ven aquí?** (agua: bautismo, limpieza, vida; luna y estrellas: noche; sol: día). **Encontramos muchos símbolos en la Navidad, voy a pasar este tubo de agua. Cuando les toque, mencionen un símbolo de la Navidad.**

Pida a un voluntario o a una voluntaria que escriba la lista de símbolos la pizarra, en la pizarra blanca, o en la hoja de papel colocada en la pared. Después que todos hayan participado, mire la lista. Discuta cada uno de los símbolos, y decidan cuáles son símbolos de la Navidad y cuáles son culturales. Discuta el significado de cada uno (ver el **Reproducible 2C** para algunos ejemplos de símbolos cristianos).

Diga: Si viéramos a Jesús como un símbolo, ¿Qué simbolizaría Jesús? (*la promesa de Dios de enviar a un Salvador, bondad, amor por el mundo, justicia, bondad, cómo Dios quiere que vivamos. Levante la corona de terciopelo*). **¿Qué simboliza esta corona en Navidad?** (*Jesús vino como el Príncipe de Paz*)

Sigue el laberinto

Reparta el Reproducible 2D, Biblias y lápices. Trabajen juntos siguiendo el laberinto y leyendo sobre los problemas conque nos encontramos y junto a las palabras de Jesús que nos ayudan a enfrentarlos. Al celebrar el nacimiento de Jesús en Navidad, sus estudiantes no deben olvidar que Jesús, en algún momento, tuvo su misma edad.

Materiales:
Reproducible 2C (para referencia en este punto)
pizarra, pizarra blanca, u hoja grande de papel
tiza o marcador

Accesorios de Zona®:
corona de terciopelo
tubo de agua celestial

Materiales:
Reproducible 2D
Biblias
lápices

Accesorios de Zona®:
ninguno

PRIMARIOS MAYORES: LECCIÓN 2

de Vida®

Escoja una o más actividades para que la Biblia cobre significado en la vida diaria.

Materiales:
Reproducible 2C
tubos de cartón
papel de construcción
marcadores
pegamento
tijeras
cuerda
serpentina de papel crepé
opcional: papel auto-adherible transparente, serpentinas de vinilo o metálicas

Accesorios de Zona®:
disco compacto

Una manga de viento

Diga: Podemos compartir el mensaje de Navidad mostrando símbolos cristianos. Vamos a hacer mangas de viento usando los símbolos.

Reparta el **Reproducible 2C**. Destaque los símbolos de Navidad y su significados. Si hay algunos en la hoja que no se han discutido, haga una nota. Para hacer las mangas de viento, corte papel de construcción para cubrir un tubo de cartón (mientras más grande sea el diámetro, mejor). Usando marcadores de colores o pedazos de papel de construcción, decore la cubierta de papel con símbolos y palabras del Reproducible 2C. Pegue el papel alrededor del tubo. Haga seis serpentinas de papel crepé (15-20 pulgadas de largo) de diferentes colores. Júntelos por una orilla. Ate un trozo de cuerda de 19 pulgadas de largo alrededor de las serpentinas en la orilla donde las ha juntado, dejando una tira larga de cuerda. Ate un lazo al final de la cuerda.

Para hacer una manga de viento más duradera, cubra completamente el tubo con un plástico auto-adherible transparente. Use serpentinas de vinilo o metálicas que se pueden conseguir en tiendas de artículos para fiestas.

Haga dos orificios en el extremo superior del tubo en lados opuestos. Pase otra cuerda (para colgarlo) a través de uno de los orificios. Pase el lazo hecho con la cuerda con las serpentinas a través del tubo; pase la cuerda para colgarlo en el extremo superior a través del lazo. Hale la cuerda a través del segundo orificio y ate las orillas.

Materiales:
Reproducible 1D y 2E
página 171
figuras de a Navidad
mesa de celebración
Biblia
tocadiscos de discos compactos
vela
cerillos o encendedor

Accesorios de Zona®:
disco compacto

Alabanza y oración

Usando el cántico "Ve, di en la montaña" **(Reproducible 1E; disco compacto, pista 2)**, llame a la clase a la mesa de celebración para el tiempo de alabanza y oración. Encienda la vela y pida que se fijen en las figuras de María y José el color de paño sobre la mesa.

Pregunte: ¿Por qué no tenemos otras figuras en la escena de la Natividad? (*La historia de hoy sucedió antes de que naciera Jesús*).

Pida que alguien lea Mateo 1:20-21. Pregunte si alguien conoce otro nombre para Jesús (Cristo, Salvador, Señor, Pastor, Emanuel, Mesías). Reparta "María, María" **(Reproducible 2E)** y lean la letra, notando los nombre usados por Jesús. Aprendan y canten el cántico **(disco compacto, pista 3)**.

Pida que al estudiante asignado con anteriordad cierre con la oración para la Lección 2 (pagina 171): "Dios nuestro, te damos gracias por Jesús, que nos enseñó una nueva manera de conocerte. Siempre iremos a ti por ayuda. Amén".

Haga una copia de Zona Casera® para cada estudiante en su clase.

# Casera para estudiantes

PREPARA UN PESEBRE

En tu casa prepara un pesebre para el niño Jesús. Necesitarás una caja para zapatos. Cúbrela con papel color café y decórala como si fuera una caja de madera.

Recoge paja o papel triturado. Colócalo en una canasta o caja al lado del pesebre. Pide a tu familia que te ayude a preparar el pesebre para el niño Jesús. Cada vez que alguien realice alguna acción bondadosa por otra persona, él o ella colocará una pajita o un trozo de papel en el pesebre para hacer una cama suavecita.

En Nochebuena (víspera de Navidad), coloca el pesebre bajo el árbol de Navidad y lean Lucas 2:1-20.

Zona para pensar

¿Cómo sería el mundo si Jesús no hubiera nacido?

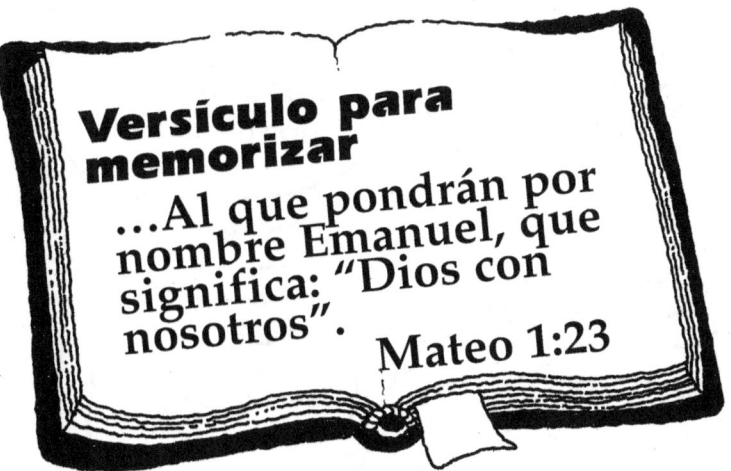

Versículo para memorizar

...Al que pondrán por nombre Emanuel, que significa: "Dios con nosotros". Mateo 1:23

Velas comestibles

Pela un plátano (guineo) y córtalo a la mitad.

Coloca hojas de lechuga en dos platos pequeños. Coloca una rebanada de piña sobre cada camada de hojas de lechuga.

Coloca la mitad del plátano en el centro de la rebanada de piña con el lado cortado hacia abajo.

Usa un mondadientes para asegurar una cereza en la parte de arriba de cada mitad de plátano como si fuera la flama.

Jesús es el Salvador prometido por Dios.

Permiso de fotocopiado otorgado para el uso de la iglesia local. © 2008 Abingdon Press.

Laberinto del amanecer

Sigue el laberinto para encontrar el Amanecer. Por el camino encontrarás ocasiones donde fácilmente te puedes desanimar. Visita esas áreas y lee sobre los problemas, pero luego regresa al sendero principal. También encontrarás referencias bíblicas sobre dichos de Jesús que nos pueden ayudar. Lee cada pasaje bíblico cuando llegues a él y sigue tu camino hacia el Amanecer que llamamos Navidad, el nacimiento de Jesús el Mesías.

Cántico de

Di, María

Di, María, ¿cómo llamarás al niño?
¿Cómo llamarás al santo niño?

Sin libertad y nadie nos salva
¿Es él nuestro Señor?
Él es el Señor.

Di, María, ¿cómo llamarás al niño?
¿Cómo llamarás al santo niño?

Como ovejas estamos faltos
¿Es él el Gran Pastor?
Es el Gran Pastor.

Di, María, ¿cómo llamarás al niño?
¿Cómo llamarás al santo niño?

Pobres y con hambre le necesitamos.
¿Es él el Salvador?
Es el Salvador.

Di, María, ¿cómo llamarás al niño?
¿Cómo llamarás al santo niño?

LETRA: Richard K. Avery y Donald S. Marsh; trad. por Julito Vargas
MÚSICA: Richard K. Avery y Donald S. Marsh
© 1967-76 por Richard K. Avery y Donald S. Marsh en The Averyt-Marsh Songbook. Usado con permiso. Procalmation Productions, Inc. Port Jervis, NY 12771

La ciudad de David

Entra a la

Versículo bíblico
Y lo envolvió en pañales, y lo acostó en un establo, porque no había alojamiento para ellos en el mesón.

Lucas 2:7

Historia bíblica
Lucas 2:1-7

Los censos actuales sirven para dar representación a los ciudadanos y acceso a los recursos que el país les provee, pero el censo romano en los tiempos bíblicos servía de base para la recaudación de impuestos. Las órdenes del emperador se tenían que cumplir sin tomar en consideración los problemas que pudiera causar a la gente.

Parece muy extraño el que José tuviese que viajar a Belén para inscribirse en el censo, pero los registros de Egipto durante este período del imperio romano confirman que este era el procedimiento. El edicto del emperador Augusto llevó a José y María hasta la Ciudad de David, donde nació Jesús, cumpliéndose así la profecía. De acuerdo a la historia de Rut, Belén ("casa de pan") estaba localizada en una tierra muy fértil donde se cosechaba trigo.

Aunque el viaje de ochenta millas desde Nazaret a Belén es muy breve hoy día, para los viajeros del primer siglo no lo era. Tener un burro sobre el cual montar habría sido un lujo. A su llegada, el hospedaje era sencillo, tal vez un cuarto en un mesón o posada, complicado por la masiva llegada de personas que regresaban para el censo. Pero ya sea que Jesús naciera en un mesón común o un establo, circunstancias que no fueron las mejores, lo importante es que Dios llegó a la gente más común.

No obstante, se cumplió la profecía, Jesús nación en Belén, la ciudad de David, entre los pobres e indefensos. Incluso, no hubo mesón, por sencillo que fuese, disponible para su familia. Como Isaías nos dice: "Como alguien que no merece ser visto, lo despreciamos" (53:3).

La práctica actual de envolver firmemente en pañales a un recién nacido era algo muy común en el tiempo de Jesús. Sin importar qué eventos del mundo antiguo ocurrían alrededor del niñito Jesús, en el pequeño mundo de los brazos de sus padres, se encontraba la comodidad y seguridad que solamente Dios podía proveer.

Jesús, el hijo de Dios, nació en un establo.

Vistazo a la

ZONA	TIEMPO	MATERIALES	ACCESORIOS DE ZONA®
Acércate a la zona			
Entra a la Zona	5 minutos	tocadiscos de discos compactos, página 170, cinta adhesiva	disco compacto
Mesa de celebración	5 minutos	páginas 171 Biblia, mesa pequeña, mantel blanco, tela de colores, vela, figuras de María y José, y el niño Jesús en el pesebre	ninguno
Explorando granos	10 minutos	ver la página 36	ninguno
Zona Bíblica®			
Discute los hechos	5 minutos	Transparencia 1 y 2, Reproducible 3C, Biblia, proyector	corona de terciopelo
Disfruta la historia	10 minutos	Reproducible 3A–3B	corona de terciopelo
Libro de bienvenida para bebé	5 minutos	Reproducible 3D, marcadores o crayones, papel, lápices, aguja e hilo, o sujetadores y perforadora para papel	ninguno
Sigue el laberinto	5 minutos	árbol artificial de Navidad, tablero, marcadores	ninguno
Zona de Vida			
Relevo a Belén	5 minutos	2 mochilas, artículos para bebé	cencerros
Alabanza y oración	10 minutos	página 171, Reproducibles 1E y 3E, figurillas de Navidad, Biblia, tocadiscos de discos compactos, mesa de celebración, vela, cerillos o encendedor	disco compacto

Los Accesorios de Zona® se encuentran en el **Paquete de DIVERinspiración®**.

Acércate a la

Escoja una o más actividades para capturar el interés de sus estudiantes.

Materiales:
tocadiscos de discos compactos
página 170
cinta adhesiva

Accesorios de Zona®:
disco compacto

Entra a la Zona

Tenga tocando música de Adviento/Navidad (**disco compacto, pistas 1-8**) conforme llegan sus estudiantes.

Diga: ¡Bienvenidos a Zona Bíblica! Estoy muy feliz de que estén aquí. ¡Este es el lugar divertido donde aprenderemos a conocer la Biblia!

Si sus estudiantes no se conocen, pídales que se pongan las etiquetas con su nombre (página 170).

Materiales:
páginas 171
mesa pequeña
mantel blanco
tela de colores
vela
Biblia
figurillas de María, José y del niñito Jesús en el pesebre

Accesorios de Zona®:
ninguno

Mesa de celebración

Pida a un o a una estudiante que haya llegado temprano que le ayude a preparar la mesa de celebración. Cubran la mesa con un mantel blanco y añada una vela, una Biblia y un retazo de tela que corresponda al color de la estación del año cristiano de acuerdo con las instrucciones de la página 12. Para esta sesión coloque el pesebre y el niñito con María y José al lado de la vela.

Pida a un o a una estudiante que se prepare para hacer la oración final en la sección de alabanza y oración. Entréguele una copia de la oración de la lección 3 (página 171).

Materiales:
Diferentes granos con que se hace la harina para el pan (maíz, avena, trigo, cebada, centeno, arroz, trigo moro)
tazones
cucharas
servilletas
tarjetas para notas
lápices
pizarra, pizarra blanca, u hojas de papel grandes
tiza o marcadores

Accesorios de Zona®:
ninguno

Explorando granos

Antes de la clase, ponga sobre una mesa tazones con diferentes tipos de granos, tanto enteros como molidos. Ponga un numero al lado de cada tazón. Tenga una cuchara y servilletas al lado de cada tazón. Escriba la lista de granos en la pizarra, la pizarra blanca o una hoja grande de papel, pero no los ponga en el mismo orden en que están sobre la mesa.

Diga a sus estudiantes que el pueblo donde nació Jesús, no solamente era llamada la Ciudad de David, sino también Belén. La palabra *Belén* significa "casa de pan", porque estaba en medio de un valle muy fértil donde se sembraban muchos granos que se podían moler para hacer harina y hacer pan.

Entregue a cada estudiante una tarjeta para notas y un lápiz. Y luego dígales que vayan a cada tazón y: 1) observen el grano; 2) con la cuchara pongan un poco en una servilleta; 3) prueben el grano; y 4) escriban un número (numero de tazón) tratando de adivinar qué grano es. Cuando hayan terminado, revele la identidad de cada grano y pida a sus estudiantes revisen sus respuestas.

Escoja una o más actividades para sumergir a sus estudiantes en la historia bíblica.

Discutir los hechos

Reparta el **Reproducible 3C** y proyecte la **Transparencia 1** sobre la pared. Después hagan lo siguiente:

Localicen a Nazaret y Belén en el mapa. Pida que alguien lea el hecho # 1 del Reproducible 3C

Pregunte cuál sería la ruta más directa de Nazaret a Belén. Pida que alguien más lea el hecho #2. Proyecte la **Transparencia # 2** sobre la pared y vean las dos posibles rutas. Señale a: Galilea, Samaria y Judea.

Señale las cuatro regiones geográficas del este-oeste del país que están indicadas por sombreados diferentes. Pregunte cómo las diferencias en el terreno pudieron afectar las condiciones de viaje de María y José. Pregunte sobre cualquier otro tipo de eventualidades pudieron haberle afectado. Después de que sugieran otras posibilidades, pida que alguien lea el hecho # 3.

Pregunte si alguien sabe cómo es el clima en el estado de Georgia. Después pida que alguien lea el hecho # 4.

Pida comentarios sobre los diferentes granos que probaron cuando entraron al salón. Después pida que alguien lea el hecho # 5.

Pregunte cómo habría sido llegar a una ciudad llena de gente y no encontrar un lugar donde alojarse. Luego que alguien lea el hecho # 6.

Pida que alguien lea Lucas 2:1-7. Luego que alguien lea el hecho # 7.

Para lograr que sólo hable un estudiante a la vez, pase la **corona de terciopelo** a quien quiera decir algo.

Materiales:
Reproducible 3C
transparencia 1 y 2
Biblia
proyector

Accesorios de Zona®:
corona de terciopelo

Disfruta la historia

Reparta los **Reproducibles 3A y 3B** y señale que esta historia pudo haber ocurrido. Los asuntos básicos son bíblicos, pero está escrita desde el punto de vista de los personajes que pudieron haber estado allí.

Después de leer la historia, pregunte cómo la imagen que tenía Safira de cómo debía ser el Mesías, compara con lo que realmente Jesús hizo en su vida y muerte. Puede utilizar la **corona de terciopelo** para facilitar la conversación.

Materiales:
Reproducible 2A
opcional: vestimenta

Accesorios de Zona®:
ninguno

PRIMARIOS MAYORES: LECCIÓN 3

Historia de la  Bíblica

La manta de Safira (1)

(Una historia posible basada en Lucas 2:1-7)

Por Delia Halverson

El sol caía, ya llegaba el final de otro día. Safira se puso la manta de lana sobre sus hombros para protegerse del aire frío. Aunque ya desgastada y un poco desteñida por los años de uso, no fallaba en traer una sonrisa al rostro de Safira, la vieja manta azul había dado calor a su madre y su abuela. La abuela describía el color como un azul real brillante. La manta había sido un regalo de un huésped real que había visitado el mesón donde su hija y su nieta continuaban el trabajo que ella había hecho hacía un tiempo atrás.

Una tela trenzada rodeaba la cabeza de Safira, era el único cojín que la protegía de la pesada vasija de barro que equilibraba sobre su cabeza mientras se dirigía hacia el mesón. Tal vez –pensaba ella mientras el agua golpeaba suavemente dentro de la vasija– este sea el último viaje al pozo hoy. Los días eran más y más ocupados desde que el emperador Augusto había ordenado que toda la gente en su imperio fuera a sus pueblos de origen para inscribirse. Belén era una ciudad antigua en donde muchas personas tenían sus raíces, así que los visitantes llegaban constantemente todos los días. Safira había vivido en Belén durante sus diez años de vida y reconocía la mayoría de los rostros, aunque no conociera sus nombres. Pero ahora todos los ojos que alcanzaba a mirar, mientras iba por las calles, eran los ojos de extraños. Y todos los días ella y su mamá bajaban los ojos para evitar las miradas tristes en los rostros de las personas a quienes habían tenido que rechazar porque ya no había lugar en el mesón.

Al dar la vuelta a la esquina, Safira vio un burro y a una viajera desconocida frente al mesón. Tal vez Augusto no lo había pensado bien, o no le importaba haber incomodado a toda esta gente, solamente para saber el número de personas a quienes estaba gobernando, y a quienes les podía cobrar impuestos. Ella pensó que no habían tenido ningún lugar desocupado en toda la semana, y temía que tuviera que enfrentar a otra familia con tan malas noticias. *Los enviaría a otro lugar, ¡pero no hay ningún otro lugar! Los otros mesones tampoco tienen espacio.* Al acercarse, Safira trató de evitar los ojos de la mujer, quien de pronto gimió de dolor.

"¿Está lastimada?" preguntó Safira. "¿Puedo ayudarla? Mi mamá es la cocinera en este mesón. Le aseguro que ella le puede preparar algo muy rápido que la puede hacer sentir mejor".

"Gracias" la mujer respondió. "Mi esposo está tratando de encontrar un cuarto. Apenas llegamos después de un largo viaje desde Galilea, y hasta este momento no hemos encontrado lugar para pasar la noche". Cuando la mujer se dio la vuelta, Safira notó que estaba embarazada. De pronto, la mujer jadeó y se encorvó otra vez al mismo momento en que alguien abrió la puerta del mesón. Un hombre salió, caminó hacia el burro y rodeo con sus brazos a la mujer. "Tampoco hay lugar aquí" le dijo. "Pero nos han ofrecido un lugar limpio en el establo. Al menos nos protegerá del frío.

Con mucho cuidado el hombre dirigió al burro alrededor del mesón hacia el establo donde se guardaban los animales. Safira los siguió hasta llegar a la puerta a la cocina, entonces entró con la vasija de agua todavía sobre su cabeza.

Al bajar la vasija con el agua para dejarla sobre la repisa, llegó hasta ella el aroma del cordero asado. Mientras caminaba hacia la chimenea, dijo: "Vi a un hombre y una mujer que buscaban un cuarto, pero siguieron hacia el establo".

Su madre le hizo una señal para que se ocupara de darle vuelta al cordero en el fuego. "Sí", le dijo, "Arán no pudo desentenderse de una mujer a punto de dar a luz. No pudo dejar que continuaran buscando un lugar para pasar la noche. Además, ya sabe que no quedan cuartos vacíos en todo Belén". "Yo hablé con ella", dijo Safira. "No parece mucho mayor que yo, tal vez trece primaveras. ¿Estará bien?"

Su madre volvió la carne en el fuego y comenzó a cortarla. "Cuando terminemos de hacer la comida, voy a ir a verla. Sé que estás muy cansada, pero tal vez tengas que hacer otro viaje al pozo para traer agua. Vamos a necesitar agua para lavar al bebé cuando nazca".

"No veo cómo nuestra pequeña ciudad puede recibir más visitantes", dijo Safira. "¡Nunca había visto tanta gente en toda mi vida!"

Su madre hizo una pausa para reflexionar. "Hubo otro censo cuando yo era niña. Había una gran multitud, pero esta parece peor".

"¿Por qué hacen censos?", preguntó Safira.

"Roma tiene miedo de no obtener suficiente dinero de los impuestos si no sabe cuánta gente vive en el país", dijo su madre. "Lo único que le importa a Roma es nuestro dinero, no la gente. Debemos orar para que Dios nos envíe pronto al Mesías, para que nos libere de Roma".

A Safira le parecía que todos oraban por la llegada del Mesías. Había escuchado las oraciones que su madre hacía en la casa y en la sinagoga. Alrededor del pozo, que era donde todos se reunían para enterarse de las últimas noticias, la gente hablaba sobre el duro gobierno romano. Parecía que lo que les mantenía con vida era la esperanza de que Dios enviaría al libertador prometido.

Después que les dieron de comer a los huéspedes y lavaron todos los trastos, la mamá de Safira tomó el agua que quedaba y unos paños suaves y se fue al establo. Mientras Safira balanceaba una vez más la vasija con agua sobre su cabeza, pensó sobre el dolor que había visto en el rostro de la mujer. Estaba contenta de que Arán les hubiera permitido quedarse en el establo. Si tuviera un cuarto para ella, se los hubiera dado, pero ella y su mamá solamente tenían una estera en un rincón de la cocina. Además, en el establo tendrían más privacidad que en una agitada cocina.

Cuando Safira volvió del pozo notó que su madre no había regresado todavía. Con un suspiro de alivio se recostó en su estera. Esas semanas habían estado tan ocupadas que no habían tenido tiempo de poner paja fresca en sus esteras, pero esa noche Safira estaba tan cansada que no notó lo incómoda que estaba. Se acostó en la estera esperando que su madre regresara pronto y le dijera que el bebé había nacido; pero después de un día tan ajetreado estaba demasiado cansada y no podía mantener los ojos abiertos. Entre sueños, escuchó entrar a su madre que suavemente venía cantando la profecía de Isaías:

Porque nos ha nacido un niño,
Dios nos ha dado un hijo,
Al cual se le ha concedido el poder de gobernar.
Y le darán estos nombres:
Admirable en sus planes, Dios invencible, Padre eterno, Príncipe de paz.
¿Acaso este niñito sería el Mesías prometido? ¿Realmente Dios ya había enviado al Salvador?

PRIMARIOS MAYORES: LECCIÓN 3 **Reproducible 3B**
Permiso de fotocopiado otorgado para el uso de la iglesia local. © 2008 Abingdon Press.

Hechos son hechos

1. Palestina, el país donde vivió Jesús, no es más grande que el estado de Vermont. La mayor parte de los viajes se hacían caminando. Si una familia tenía un burro, por lo general lo usaban para cargar sus pertenencias, y caminarían a su lado. Los burros eran algo más grandes que los que tenemos hoy. Necesitaban menos comida que otros animales y por lo tanto eran más prácticos.

2. La ruta más directa de Nazaret a Belén habría llevado a María y José a través de la región de Samaria. Este hubiera sido un viaje de ochenta millas. Sin embargo, debido a diferencias religiosas, con frecuencia se evitaba contacto con los samaritanos. Mucha gente que viajaba de Galilea (el área donde estaba Nazaret) a Jerusalén o Belén, habrían tomado la ruta larga, primero viajando al este, cruzar el río Jordán y después cruzarlo otra vez al sur del territorio de Samaria. No sabemos qué ruta tomaron María y José. El río Jordán solamente se extiende por sesenta y cinco millas desde el Mar de Galilea (no muy lejos de Nazaret) hasta el Mar Muerto (al este de Jerusalén y Belén), pero el río fluye entre los dos, tiene tantas curvas que si lo extendiéramos tendría doscientas millas de largo.

3. Primero, los caminos se hacían conforme los pastores llevaban sus rebaños de un campo a otro para alimentarlos. Tenían que ir a través de montañas o por campos accidentados, porque no tenían equipo pesado para mover grandes cantidades de tierra. Las caravanas con camellos iban más aprisa. Los viajeros a pie o con burros tenían que pararse al lado del camino para dejar pasar a las caravanas en una nube de polvo. Si parte del ejército romano venía por el camino con caballos, el viajero común tenía que hacerse a un lado para dejarlo pasar. Los bandidos eran comunes en esos caminos, especialmente en las zonas montañosas. Al viajar en grupo uno se podía proteger mejor de los bandidos. Había pocos mesones, y por lo general eran muy desagradables, así que la mayor parte de los viajeros acampaban en sus propias tiendas y llevaban lo que necesitaban para el viaje.

4. Palestina esta en la misma latitud que el estado de Georgia en los Estados Unidos, así que la temperatura es casi la misma. Por lo general hay dos estaciones: un invierno lluvioso con nieve en las montañas y ocasionalmente en Jerusalén; y luego un verano largo y seco.

5. El pan hecho de cebada o trigo era el alimento más importante y se comía en cada comida. La palabra Belén significa "casa de pan". Tal vez se le puso ese nombre a la ciudad porque estaba localizado en un valle donde crecía mucho grano. Se secaban las frutas que se cosechaban y era un alimento fácil de llevar en un viaje. La gente común comía carne solamente en ocasiones especiales, y los ricos la comían con más frecuencia. La carne no era un alimento común en los viajes. Con frecuencia no era seguro tomar agua, así que por lo regular se bebía vino.

6. Belén era una ciudad amurallada, y los visitantes buscaban protección dentro de sus muros. Por esto la ciudad estaba atestada con toda la gente que venía para inscribirse. Muchos viajeros acampaban en patios comunes.

7. El pesebre que fue la cama de Jesús y literalmente era el lugar de donde se alimentaban los animales. A los bebés recién nacidos se les frotaba con sal y se les envolvía en pañales de tela. Estos eran piezas de telas rectangulares con una tira larga tipo venda que salía diagonalmente de una esquina. Se envolvía al bebé por el rectángulo de la tela y después se le ataba con la tira. La gente creía que esto ayudaría a que los brazos y piernas del bebé crecieran derechos. Hoy día nos hemos dado cuenta de que los bebés duermen mejor cuando se les envuelve firmemente porque están acostumbrados a esto antes de nacer.

Escoja una o más actividades para sumergir a sus estudiantes en la historia bíblica.

Libro de bienvenida para el bebé

Reparta el **Reproducible 3D,** papel blanco, lápices y crayones o marcadores. Invite a sus estudiantes a hacer dibujos y escribir notas de bienvenida para los bebés que están por nacer durante los siguientes meses en su iglesia.

El Reproducible 3D será la portada que pueden colorear como deseen. Su nombre irá en la contraportada debajo de los rostros. Para hacer el libro pueden coserla por el doblez con aguja e hilo, o usar grapas para papel.

Compre sobres para colocar los libros de bienvenida. Haga los arreglos para que se les entregue un libro a la mamá o papá de cada recién nacido en la congregación, o haga planes para que sus estudiantes los entreguen.

Materiales:
Reproducible 3D
papel blanco
lápices
marcadores o crayones
grapas y perforadora para papel, o aguja e hilo
sobres

Accesorios de Zona®:
ninguno

Árbol para recibir al bebé

Coloque un árbol artificial de Navidad en un lugar donde se puedan colocar regalos para bebé, debajo del árbol durante las siguientes semanas. Diseñe carteles que se colocarán alrededor de la iglesia invitando a las personas a la actividad de "Bañen al niño Jesús con regalos".

Haga arreglos para que los regalos se lleven a un refugio para mujeres maltratadas y familias en crisis, o un centro de atención a madres en crisis de su área, e incluya esa información en los carteles. Haga un cartel grande para colocarlo al lado del árbol donde se describa el proyecto.

De ser posible, lleve a sus estudiantes con usted cuando se vayan a entregar los regalos.

Materiales:
árbol artificial de Navidad
tablero
marcadores

Accesorios de Zona®:
ninguno

PRIMARIOS MAYORES: LECCIÓN 3

 de vida

Escoja una o más actividades para que la Biblia cobre significado en la vida diaria.

Materiales:
dos mochilas
Dos artículos diferentes para bebé (vea la lista a la derecha)

Accesorios de Zona®:
cencerros

Relevo a Belén

Para este relevo use dos mochilas. Reúna artículos para bebé y póngalos en las mochilas: dos de cada artículo, uno para cada equipo. Incluya biberones, mantas, pañales, toallitas, ropa, juguetes y fotografías de cargadores para autos, columpios u otros artículos parecidos.

Divida a sus estudiantes en dos equipos y designe una línea de salida (Nazaret) y coloque una silla en el punto de llegada (Belén). Cada estudiante en turno empacará todos los artículos en la mochila y correrá a Belén, rodeará la silla y regresará al punto de salida, ahí vaciará la mochila. Luego el estudiante que le siga hará lo mismo, continuarán de esta manera hasta que todos hayan tenido su turno. El último estudiante no necesita vaciar la mochila. Use el cencerro para dar la salida. Dé a cada equipo tres cencerros para que los hagan sonar cuando hayan completado el relevo. El equipo ganador puede cantarle una canción de cuna al otro equipo.

Materiales:
Reproducible 1E y 3E
página 171
mesa de celebración
tocadiscos de discos compactos
Biblia
figuras de María, José, el niño Jesús, y el pesebre
vela
cerillos o encendedor

Accesorios de Zona®:
disco compacto

Alabanza y oración

Use el cántico "Ve, di en la montaña" (**disco compacto, pista 2; Reproducible 1E**), para invitar a la clase a venir a la mesa de celebración para el tiempo de alabanza y oración. Encienda la vela y mencione que el color sobre la mesa es el apropiado para la estación y que las figuras del pesebre y el niño Jesús están ahora sobre la mesa, puesto que la historia de hoy era sobre el nacimiento.

Pida que alguien lea el versículo bíblico para hoy: "Y lo envolvió en pañales, y lo acostó en el establo, porque no había alojamiento para ellos en el mesón" (Lucas 2:7).

Reparta el **Reproducible 3E** y aprendan el cántico "Ha nacido el niño Dios". Cántenla varias veces (**disco compacto, pista 8**).

Pida al estudiante asignado que cierre la clase con la oración para la Lección 2 (página 171): "Dios nuestro, recordamos las historias del niñito Jesús, y pensamos en los y las bebés de nuestra iglesia y de los amigos de nuestras familias. Te damos gracias por sus vidas. También pensamos en los niñitos y las niñitas para los que parecen que no hay lugar en el mundo. Ayúdanos a mostrarles tu amor. Amén.

Haga una copia de Zona Casera® para cada estudiante en su clase.

 # Casera para estudiantes

SÍMBOLOS PARA EL PAN

Belén, donde Jesús nació, significa "casa de pan" porque se encontraba localizada en un valle fértil donde crecía el trigo. Usa una masa de pan congelada y forma símbolos de la Navidad.

Descongela una hogaza de pan poniéndola en el refrigerador durante toda la noche.

Divide la hogaza formando doce bolas. A cada bola dale la forma de un símbolo de Navidad: campana, vela, corona o estrella.

Engrasa una bandeja para pan y coloca los símbolos más o menos con una pulgada de separación entre ellos.

Deja reposar por 15-20 minutos, pero que no lo doble. Hornear a una temperatura de 350 grados (Fahrenheit) durante 12-15 minutos.

Sacarlos y dejar que se enfríen en una rejilla. Añadan una capa de azúcar glaseada si lo desean.

Zona para pensar

¿Cómo un bebé puede afectar la vida de una familia? ¿Cómo el bebé de María y José puede cambiar al mundo?

Hacer un regalo de bienvenida para un bebé

Usa un envase grande de comida para bebé para hacer un regalo. Lava muy bien el envase por fuera y por dentro, y quita todo residuo de aceite o grasa.

Puedes pintar el envase con diseños, o pegarle por fuera fotografías de bebés. Una capa de barniz ayudará a proteger los diseños.

Llena el envase con bolas de algodón u otro artículo para bebé.

Versículo para memorizar

Y lo envolvió en pañales, y lo acostó en el establo, porque no había alojamiento para ellos en el mesón". Lucas 2:7

Jesús, el hijo de Dios, nació en un establo.

Permiso de fotocopiado otorgado para el uso de la iglesia local. © 2008 Abingdon Press.

PRIMARIOS MAYORES: LECCIÓN 3

Diseñado especialmente para ti por

____

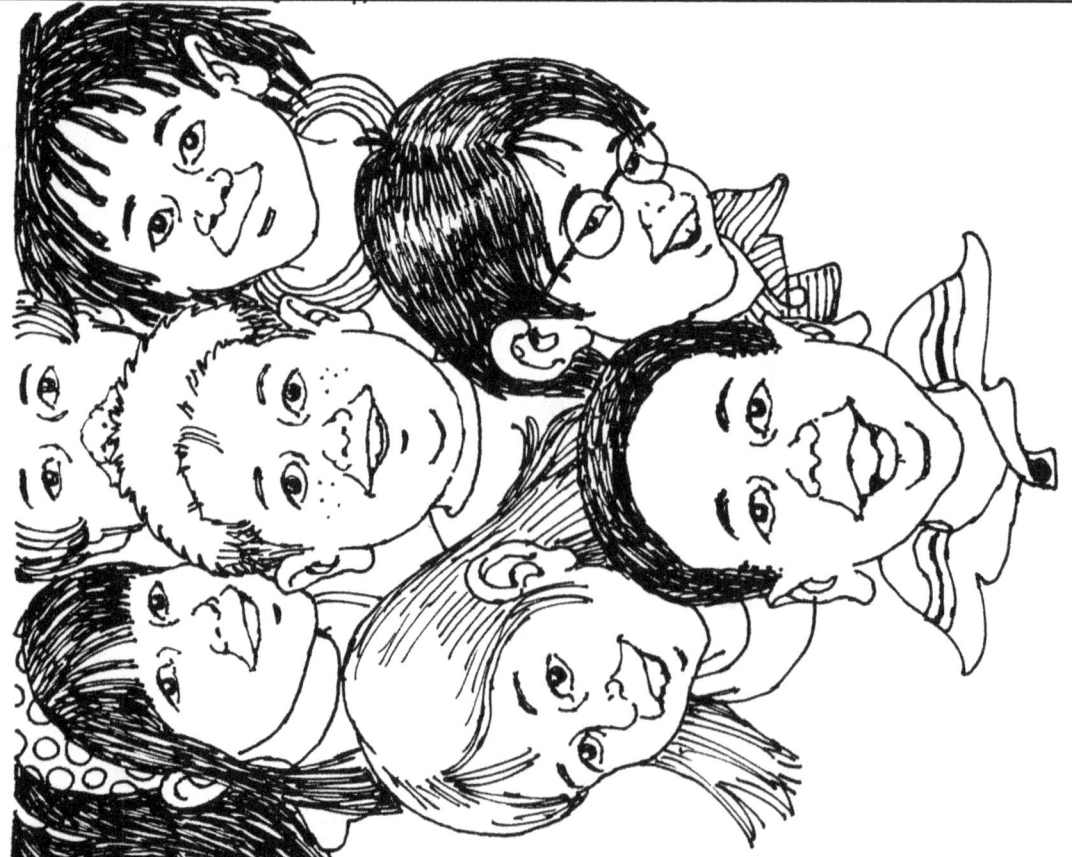

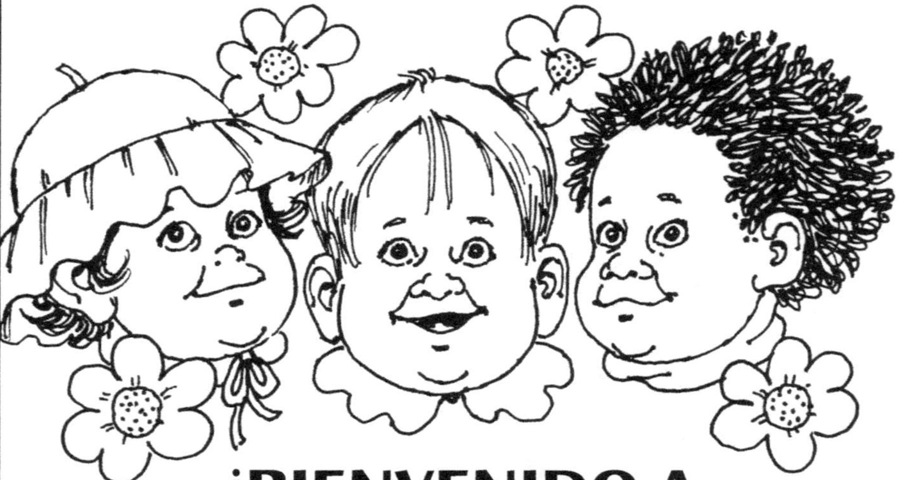

¡BIENVENIDO A NUESTRA IGLESIA!

Creemos que eres importante,
y queremos que sepas que eres
amado/amada por Dios y por
todos los miembros
de nuestra iglesia.

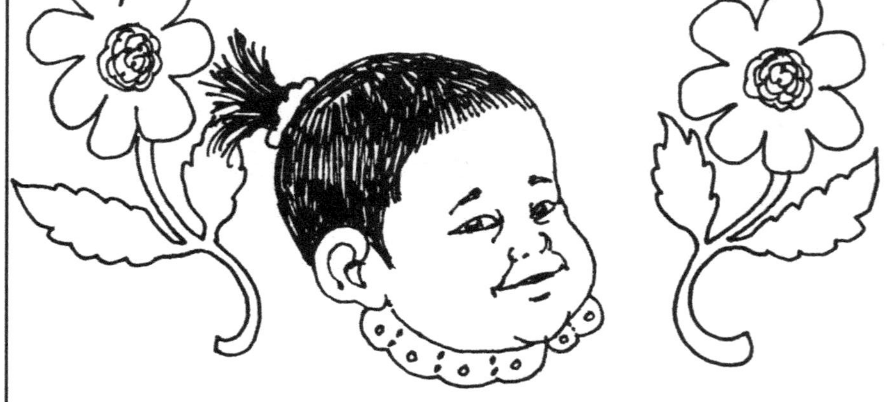

Cántico de  ♪♫

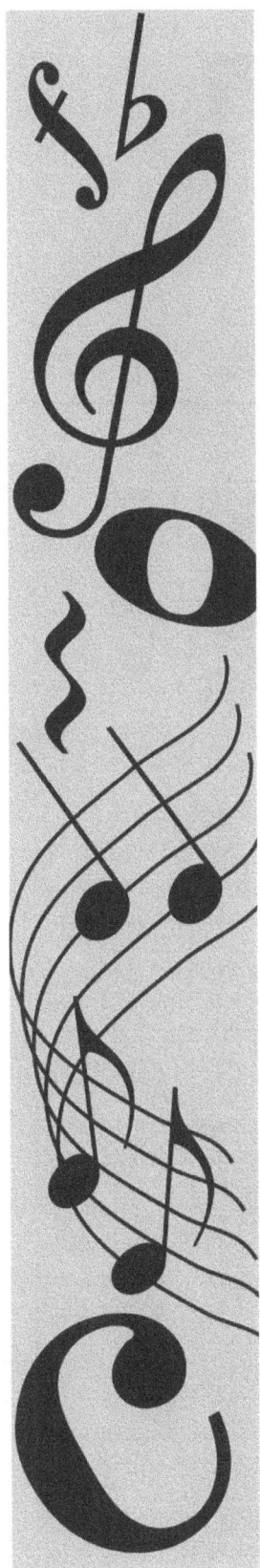

Ha nacido el niño Dios

¡Ha nacido el niño Dios,
toquen las flautas y los tambores!
¡Ha nacido el niño Dios,
alabemos al Salvador!

La profética anunciación
del Mesías que espera el pueblo
se ha cumplido con precisión:
¡ha llegado la salvación!

¡Ha nacido el niño Dios,
toquen las flautas y los tambores!
¡Ha nacido el niño Dios,
alabemos al Salvador!

¡Oh, cuán bella es la tierna faz
de este niño que trajo el cielo!
Su hermosa humanidad
es regalo de eternidad.

¡Ha nacido el niño Dios,
toquen las flautas y los tambores!
¡Ha nacido el niño Dios,
alabemos al Salvador!

El Creador de todo ser,
como niño viene a nosotros.
Al Creador de todo ser
alabémosle al nacer.

¡Ha nacido el niño Dios,
toquen las flautas y los tambores!
¡Ha nacido el niño Dios,
alabemos al Salvador!

LETRA: Villancico tradicional de Francia, siglo XIX; trad. de J. Alonso Lockward
MÚSICA: Villancico tradicional de Francia, siglo XVIII; arm. de Carlton R. Young
Trad. © 1996 Abingdon Press; arm. © 1989 The United Methodist Publishing House, admin. por The Copyright Company, Nashville, TN 37212

Se cumple la profecía

Entra a la ZONA

> Hoy les ha nacido en el pueblo de David un salvador que es el Mesías, el Señor.
>
> Lucas 2:11

Historia bíblica
Lucas 2:8-20

En nuestra representación de la historia de la Navidad, tendemos a exaltar la posición de los pastores. Sin embargo, durante el tiempo del nacimiento de Jesús los pastores eran todo, menos personas a ser exaltadas. Las constantes demandas y dificultades que traía el cuidado de su rebaño, no les permitía cumplir con todos los meticulosos lavamientos de manos y los otros detalles ceremoniales de la ley. Como resultado, eran despreciados por los religiosos ortodoxos de su tiempo, cuya actitud era algo como "alguien tiene que criar a las ovejas, ¡pero gracias a Dios que no soy yo!"

El pasaje de hoy enfatiza que Jesús vino para toda la gente, así que es perfectamente lógico que los pastores fueran los primeros que escucharan del nacimiento de Cristo y sus primeros visitantes. Aunque la tradición y el culto judío se concentraban en el Templo de Jerusalén, los ángeles no proclamaron el nacimiento del Mesías en ese santo lugar. Los ángeles llegaron primero a los parias en un lugar no religioso, y compitiendo con el balido de las ovejas y el ulular del viento. Fuera de la ciudad de David (el rey pastor), los mensajeros de Dios se revelaron a los pastores como si estuvieran haciéndolo ante reyes.

El canto de los ángeles en la versión de la Biblia Dios Habla Hoy dice: " ¡Gloria a Dios en las alturas! ¡Paz en la tierra entre los hombre que gozan de su favor!" Aunque el deseo final de Dios es que tengamos paz, la vida de Jesús provocó una gran división, particularmente entre los miembros de la fe hebrea. Compare las palabras de Lucas en 12:51 con las palabras de Jesús en Lucas 12:51. Jesús sabía que algunas veces deben ocurrir divisiones para traer verdadera paz a todos. La palabra hebrea para paz es *shalom*, y significa más que la ausencia de guerra. Shalom implica una vida para toda persona donde sus necesidades básicas estén satisfechas. También incluye lo que podríamos llamar justicia, no en el sentido legal donde las injusticias se corrigen y las deudas se pagan, sino en el sentido humanitario donde las personas son tratadas como Dios quiere.

Jesús es el Mesías prometido por Dios.

Vistazo a la

ZONA	TIEMPO	MATERIALES	ACCESORIOS DE ZONA®
Acércate a la zona			
Entra a la Zona	5 minutos	página 170, cinta adhesiva	ninguno
Mesa de celebración	5 minutos	página 171 Biblia, mesa pequeña, mantel blanco, tela de colores, vela, Biblia, figuras de navidad incluyendo a los pastores	ninguno
Busca a los pastores	5 minutos	Reproducible 4C, Biblias, lápices	cencerros
Zona Bíblica®			
Disfruta la historia	10 minutos	Reproducible 4A–4B,	corona de terciopelo
Tiro de versículos bíblicos	5 minutos	pizarra, pizarra blanca o una hoja grande de papel, tiza o marcador	pelotas transparentes y coloreadas
Las ovejas y los lobos	5 minutos	papel de construcción verde	cencerros
Zona de Vida			
Aprende un cántico	5 minutos	Reproducibles 4D–4E, marcadores, tijeras, palitos para manualidades pegamento, tocadiscos de discos compactos	disco compacto
Alabanza y oración	10 minutos	Reproducibles 1E y 4B, página 171, mesa de celebración, tocadiscos de discos compactos, figuras de navidad, vela, cerillos o encendedor	disco compacto

Los Accesorios de Zona® se encuentran en el **Paquete de DIVERinspiración®**.

PRIMARIOS MAYORES: LECCIÓN 4

Acércate a la

Escoja una o más actividades para capturar el interés de sus estudiantes.

Materiales:
página 170
cinta adhesiva

Accesorios de Zona®:
ninguno

Entra a la zona

Salude a cada estudiante con una sonrisa feliz.

Diga: ¡Bienvenidos a la Zona bíblica! Estoy feliz de que estén aquí. ¡Este es un lugar divertido donde conoceremos la Biblia!

Si sus estudiantes no se conocen, pídales que se pongan las etiquetas con su nombre (pág. 170).

Materiales:
página 171
mesa pequeña
mantel blanco
tela de colores
vela
Biblia
figuras del nacimiento
  incluyendo a los
  pastores

Accesorios de Zona®:
ninguno

Mesa de celebración

Pida a un o a una estudiante que haya llegado temprano que le ayude a preparar la mesa de celebración. Prepare la mesa con una vela, una Biblia y un retazo de tela que corresponda a la estación del año cristiano de acuerdo con las instrucciones de la página 12. Para esta sesión añada las figuras de los pastores al lado de las otras figuras (todavía no use a los sabios –reyes magos– de oriente).

Pida a un o a una estudiante que se prepare para hacer la oración final en la sección de Proverbios y oración. Entréguele una copia de la oración de la lección 3 (página 171).

Materiales:
Reproducible 4C
Biblias
lápices

Accesorios de Zona®:
cencerros

Busca a los pastores

Divida a la clase en dos equipos. Reparta el **Reproducible 4C,** Biblias, y lápices. Sus estudiantes pueden trabajar juntos para buscar a los pasajes bíblicos y contestar las preguntas. Sugiera que asignen diferentes pasajes a diferentes personas. Dé a cada equipo un **cencerro** que harán sonar cuando hayan completado la página. Después de que hayan terminado, discuta las declaraciones sobre los pastores.

Las respuestas a las preguntas son:

Génesis 29:1-3	pozo
1 Samuel 16:10-13	rey
Salmo 23:1	pastor
Isaías 40:11	cordero/recién paridas
Ezequiel 34:8	fieras/ovejas
Amós 7:14	higos
Juan 10:3	voz

ZONA BÍBLICA®

Escoja una o más actividades para sumergir a sus estudiantes en la historia bíblica.

Disfruta la historia

Reparta los **Reproducibles 4A–4B**

Diga: Esta es la continuación de la historia que pudo haber ocurrido. ¿Alguien nos puede decir de lo que trató la historia de la semana pasada?

Pase la **corona de terciopelo** a cualquier estudiante que desee contar lo que recuerde de la historia. Lean la historia juntos.

Materiales:
Reproducible 4A–4B

Accesorios de Zona®:
corona de terciopelo

Tiro de versículos bíblicos

En la pizarra, pizarra blanca, u hoja grande de papel colocada en la pared, escriba el versículo bíblico de la siguiente manera:

Hoy les ha nacido / en el pueblo / de David / un salvador / que es el Mesías, / el Señor. /
Lucas / 2:11

Pida a sus estudiantes formen un círculo. Muéstreles las **pelotas transparentes y coloreadas**.

Diga: Noten que he puesto líneas diagonales entre algunas frases del versículo bíblico. Arrojaremos la pelota los unos a los otros. Cuando la reciban, ustedes dirán la próxima sección del versículo bíblico. Les sugiero que digan el versículo en su mente mientras la pelota se arroja para que estén listos con la siguiente parte cuando les llegue su turno. Pueden arrojarle la pelota a alguien frente a ti o a tu lado. Yo voy a comenzar.

Si el grupo es grande, divídalo en dos círculos y use una pelota para cada uno. Después de que hayan repetido el versículo por un tiempo, añada una segunda pelota al círculo, y después una tercera. Las pelotas deben ser arrojadas simultáneamente. Esto garantiza el caos, ¡así que diviértanse!

Materiales:
pizarra, pizarra blanca o una hoja grande de papel
marcador o tiza

Accesorios de Zona®:
pelotas transparentes y coloreadas

PRIMARIOS MAYORES: LECCIÓN 4

Historia de la Zona Bíblica

La manta de Safira (II)

(Una historia posible basada en Lucas 2:1-7)

Por Delia Halverson

El ruido de voces masculinas despertó a Safira de un profundo sueño. Se sentó en la estera que le servía de cama en la cocina y trató de escuchar. ¿Quién podría estar en el patio del mesón a esta hora de la noche? Safira se deslizó hasta la puerta y miró hacia fuera. Safira sabía que eran pastores, por la manera en que estaban vestidos. Varios de ellos caminaban por el patio rumbo al establo. ¿Por qué? ¿Qué interés podrían tener un grupo de pastores en un niñito recién nacido?

Safira recordó los eventos del día anterior. Un hombre había llegado para inscribirse, y buscaba un lugar en su mesón; una mujer joven embarazada estaba sobre un burro y se notaba su incomodidad; su madre les ofreció un lugar en el establo; un viaje adicional al pozo para traer el agua necesaria para el nacimiento del bebé; finalmente cayó dormida en su estera, ya sin poder hacer otro viaje, pero su madre pasó la mayor parte de la noche en le establo prestando su ayuda. Después estaba el sueño. Safira recordó haber soñado que su mamá cantaba sobre el nacimiento del Mesías. ¿En verdad sería un sueño?

Echando su manta sobre sus hombros, Safira se deslizó hasta la puerta y siguió a los hombres en medio de la oscuridad de la noche. Del cielo surgía un brillo poco usual, casi como si la luna y las estrellas hubieran decidido permanecer fijos en el cielo y no viajar por el horizonte y desaparecer como lo hacían cada noche. Dentro del establo algo semejante sucedía, algo diferente. Donde se supone que no hubiera luz, había una inexplicable resplandor. Incluso los animales parecían estar asombrados. Safira percibió una quietud sorprendente en todas las cosas vivientes en el establo. Nunca había entrado a la sala de un rey, pero ese sentido de asombro era como ella se lo había imaginado.

Safira se dio cuenta que los pastores hablaban en voz baja con su madre. Uno de los pastores dijo "estábamos cuidando a nuestras ovejas en el campo a las afueras de la ciudad. Y de pronto, supimos que estábamos ante la presencia de Dios. ¡Y eso dio al traste con la creencia de que nuestros campos son lugares olvidados por Dios! No teníamos otra explicación para lo que estábamos presenciando, ¡tenía que ser Dios! Este ángel llegó a nosotros con el resplandor de la gloria del Señor. Debe haber sido obvio que estábamos llenos de espanto, porque lo primero que oímos fue: 'No tengan miedo'".

Safira se acercó todavía más, mientras, el pastor continuaba: "El ángel nos dio las buenas nuevas de que este niñito, nacido aquí en Belén, es el Mesías esperado. Después hubo una multitud de ángeles, todos cantaban y alababan a Dios diciendo 'paz en la tierra entre los hombres que gozan de su favor'".

Los pastores se inclinaron, dando gracias a Dios por traerles tan buenas nuevas, y después partieron calladamente. Safira se acercó un poco más y vio a la mujer recostada sobre la paja fresca. El hombre estaba junto a ella, sin poder quitar su mirada del bebé que tenía entre sus brazos, todo fresco y rosado, envuelto en los pañales que la mamá de Safira había llevado al establo.

La paja bajo los pies de Safira crujió y la mujer la miró y le sonrió, luego levantó su mano, animando a Safira a que se acercara. "¿Te gustaría sostenerlo?" Safira miró a su madre con un silencioso *¿podría?* Su madre asintió. "Vamos, no te morderá. Eso sería muy poco apropiado del Mesías de Dios, ¿o no?

Safira cayó sobre sus rodillas asombrada. El milagro de un bebé fue suficiente para recordarle de la grandeza de Dios. ¡Y después, pensar que este era el Mesías! Se deslizó sobre la paja para acercarse hasta la mujer y sentir su calor. Safira extendió sus brazos para tomar al bebé, pero se detuvo. En ese momento quiso darle algo al bebé. ¡Su manta! Había dado calor a su abuela, a su mamá y a ella por muchos años. Ahora daría calor al Salvador. Así que quitó la manta de sus hombros y la dobló entre sus brazos. Cuando la mujer le entregó al niñito, juntas lo arroparon con la manta.

"Gracias" dijo la mujer. "Gracias por hablar conmigo ayer cuando me sentía como si mi bebé fuera a nacer en la calle. Gracias por el agua que acarreaste desde el pozo. Y gracias por este maravilloso regalo. Va a mantener calientito al bebé. Cuando crezca y ya pueda entender, ten por seguro que le diré quién nos la dio".

(Safira miró al bebé que cargaba en sus brazos y luego a su mamá, quien con una sonrisa aprobaba su acción. Por alguna razón, la manta ya no se veía gastada. Las fibras de lana brillaron bajo la luz mientras el pequeño rostro se volvía y se frotaba contra su suavidad. Safira se preguntó: *¿Acaso el Mesías podría venir a Israel y ser tan pequeño? ¿Acaso este pequeño crecería para salvar al pueblo? ¿Acaso los siglos de oraciones para que llegara el Mesías habían sido contestadas?* Safira levantó al niñito hasta tocarlo con su mejilla, suspiró y susurró las palabras que había escuchado de los pastores "¡Gloria a Dios en las alturas!"

Letanía de Navidad

Líder: El profeta de tiempos pasados profetizó la llegada de Cristo:
Todos: "Belén... pequeña entre los clanes de Judá, de ti saldrá un gobernante de Israel".
Líder: En un sueño tú enviaste a un ángel a revelarle a José sobre la llegada de este pequeño. El ángel dijo:
Todos: "Y le pondrán por nombre Emanuel, que significa: 'Dios con nosotros'".
Líder: El niñito nació en Belén, la ciudad de David.
Todos: "Y lo envolvió en pañales, y lo acostó en un establo, porque no había alojamiento para ellos en el mesón".
Líder: Los ángeles les avisaron primero a los pastores:
Todos: "Hoy les ha nacido en el pueblo de David un Salvador que es el Mesías, el Señor".
Líder: Y el niñito creció para ser un hombre que cambiaría al mundo.

Busca a los pastores

Busca a los pastores en el dibujo. Cada pastor tiene un pasaje bíblico y una palabra desordenada. Busca el pasaje bíblico y lee el versículo. Después ordena la palabra y escribe las palabras en las líneas que correspondan al pasaje bíblico.

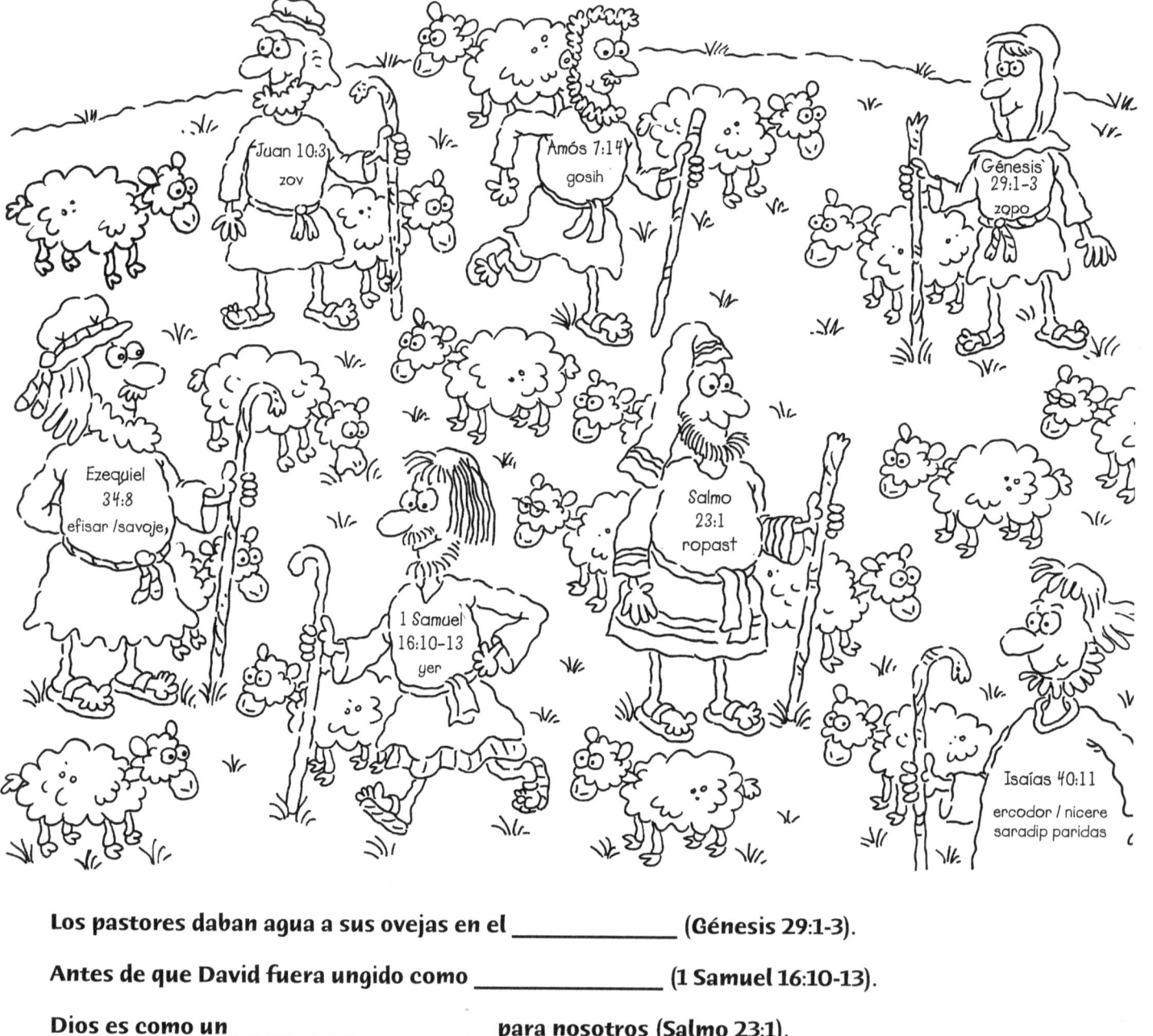

Los pastores daban agua a sus ovejas en el _____ (Génesis 29:1-3).

Antes de que David fuera ungido como _____ (1 Samuel 16:10-13).

Dios es como un _____ para nosotros (Salmo 23:1).

Un pastor levanta a los _____ en su brazos y atiende a _____ _____ . (Isaías 40:11).

Un buen pastor protege a sus ovejas de _____ salvajes y busca a las _____ (Ezequiel 34:8).

El profeta Amós fue un pastor y recogía _____ silvestres (Amós 7:14).

Las ovejas reconocen la _____ del pastor cuando las llama por nombre. (Juan 10:3).

Reproducible 4C

ZONA BÍBLICA®

Permiso de fotocopiado otorgado para el uso de la iglesia local. © 2008 Abingdon Press.

Escoja una o más actividades para sumergir a sus estudiantes en la historia bíblica.

Las ovejas y los lobos

Recorte muchas tiras de papel de construcción de color verde y tamaño regular para representar el pasto.

Seleccione a dos estudiantes para que sean las ovejas y dos para que sean los lobos. Amarre un **cencerro** a la cintura de los lobos como una alarma. (si tiene una clase pequeña, seleccione solamente un estudiante). El resto de la clase formará un círculo (redil) alrededor de las ovejas, y las tiras de papel verde que representan el pasto se esparcirán sobre el piso fuera del círculo (redil).

Los lobos estarán fuera del círculo (redil) y tratarán de capturar a las ovejas cuando salgan del círculo (redil) para recoger el pasto.

Los miembros de la clase que forman el círculo (redil) tratarán de mantener a los lobos fuera y cuidar las ovejas cuando tratan de salir a recoger el pasto y regresar a la seguridad del círculo (redil). Pueden levantar sus manos para dejar salir a las ovejas y bajarlas para no dejar entrar a los lobos.

El objetivo es que las ovejas recojan todo el pasto, o que los lobos capturen a todas las ovejas. Puede continuar el juego con nuevas ovejas y nuevos lobos.

Materiales:
papel de construcción color verde

Accesorios de Zona®:
cencerros

PRIMARIOS MAYORES: LECCIÓN 4

Zona de vida

Escoja una o más actividades para que la Biblia cobre significado en la vida diaria.

Materiales:
Reproducibles 4D y 4E
marcadores
tijeras
pegamento
palos para manualidades
tocadiscos de discos compactos

Accesorios de Zona®:
disco compacto

Aprende un cántico

Reparta el **Reproducible 4E** y toque el cántico una vez. Después canten juntos "Los regalos de los animales" (**disco compacto, pista 7**).

Reparta el **Reproducible 4D** y marcadores de colores. Explique que la clase cantará el cántico para una clase más joven y harán títeres que usarán cuando la canten. Después de que coloreen los títeres, pida a sus estudiantes que los recorten y los peguen a los palitos de manualidades.

Practiquen el cántico usando sus títeres, y después cántenlo para la clase más joven.

Materiales:
Reproducible 1E y 4B
página 171
mesa de celebración
tocadiscos de discos compactos
Biblia
figuras del nacimiento
vela
cerillos o encendedor

Accesorios de Zona®:
disco compacto

Alabanza y oración

Usando el cántico "Ve, di en la montaña" (**disco compacto, pista 2; Reproducible 1E**), invite a la clase a la mesa de celebración para el tiempo de alabanza y oración.

Encienda la vela y pida a sus estudiantes que se fijen en las figuras del nacimiento y en el color del paño sobre la mesa, indíqueles que es del color apropiado para la estación.

Use la letanía que está al final del **Reproducible 4B** como un acto de alabanza.

Pida a el o la estudiante que asignó con anterioridad, que cierre con la oración para la Lección 4 (página 171): "Amado Dios, te damos gracias porque diste primero las buenas nuevas del nacimiento de Jesús a los pastores. Si las buenas nuevas fueron para los pastores, entonces deben ser para todos nosotros también. Gracias. Amén".

Haga una copia de Zona Casera® para cada estudiante en su clase.

# Casera para estudiantes

Adorno del ojo de Dios

Los ojos de Dios son populares en Centro y Sudamérica. Colgados sobre el árbol de Navidad, los ojos de Dios nos pueden recordar la presencia de Dios.

Toma dos palitos de igual longitud, forma una cruz y átalos por el medio con hilo de algodón, y asegúrate de que están bien unidos. Amarre las puntas del hilo y corte el hilo restante.

Usando hilo de tejer de tu color preferido, pega las puntas hacia el centro. Enrolla el hilo por encima y debajo de cada "brazo" de la cruz por turno.

Para usar diferentes colores, pegue firmemente la punta del primer color alrededor de un brazo y corte el hilo sobrante. Luego comience un nuevo color pegando el nuevo hilo sobre el mismo brazo. Continúe con el nuevo color en la figura ocho.

Puede usar cuentas en las terminales del ojo de Dios, o hacer borlas para que cuelguen de los brazos.

Zona para pensar

¿Cuándo has esperado por algo que finalmente ha sucedido? ¿Cómo crees que se sintieron los pastores cuando nació el Mesías tan esperado?

HALOS DE ANGEL

Bata hasta suavizar completamente ½ taza (1 barra) de mantequilla.

Lentamente añada 5 tazas de azúcar para pastel (sin cernir), mientras continúa batiendo la mantequilla. Después de mezclar toda la azúcar, continúe batiendo hasta que se haga moronías.

Añada ½ taza de crema batida y 1 cucharada de vainilla.

Bata hasta que todo esté bien mezclado.

Forme halos. Puede decorarlos si gusta.

Guarde en un lugar fresco.

Versículo para memorizar

Hoy les ha nacido en el pueblo de David un salvador que es el Mesías, el Señor.
Lucas 2:11

Jesús es el Mesías prometido por Dios.

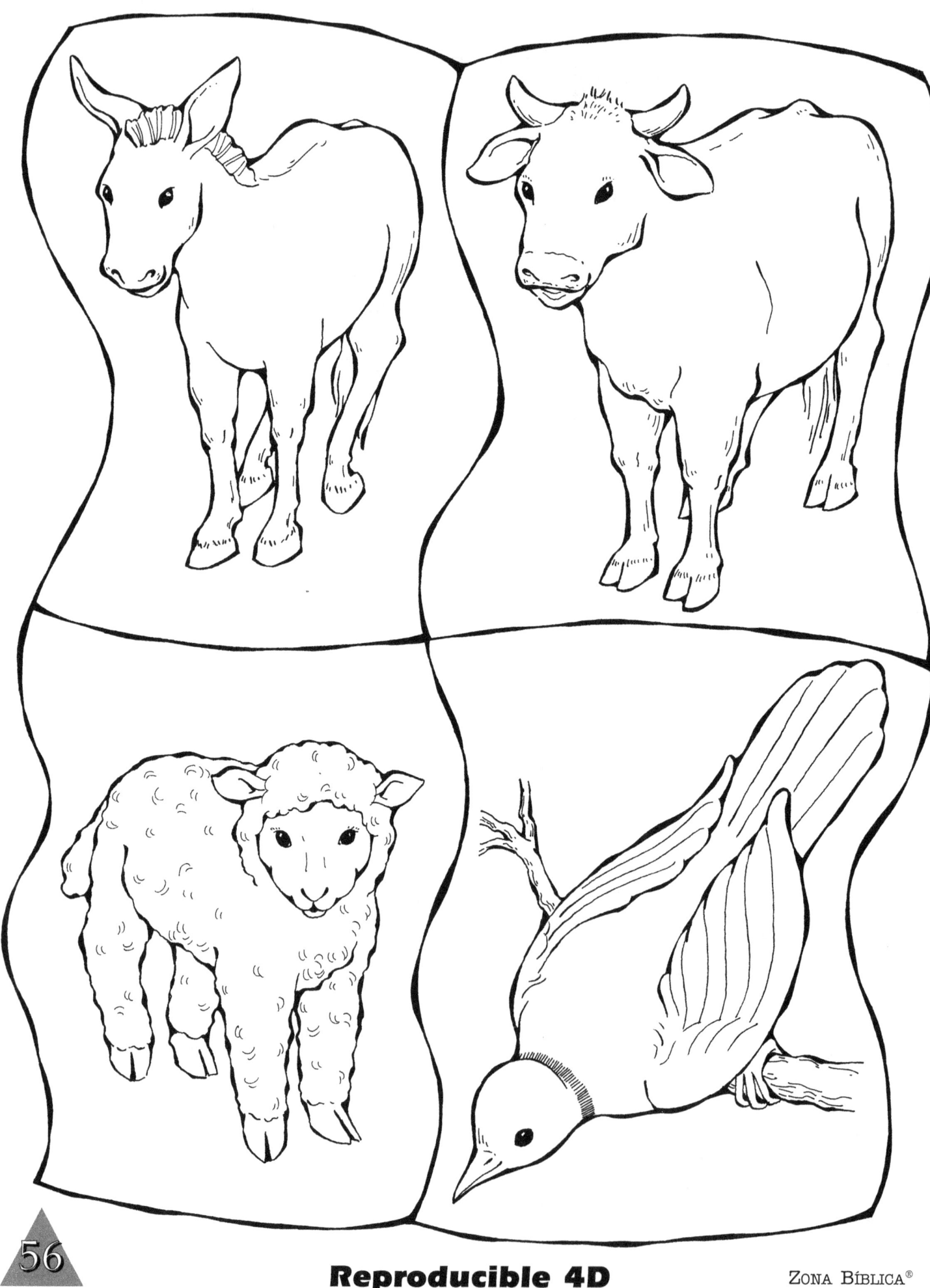

Cántico de

Presentes de los animales

Jesús, hermano, muy fuerte era él.
En humilde pesebre y establo nació.
Y los animales le vieron nacer.
Jesús, hermano, muy fuerte era él.

Dijo el burrito con el corazón:
"Yo cargué a María, la sierva del Señor;
a Belén la llevé para que diera a luz".
Dijo el burrito con el corazón.

En un mugido la vaca exclamó:
"Mi pesebre sirvió como cuna al Señor;
y las pajas le dieron descanso al Rey".
En un mugido la vaca exclamó.

Y la ovejita también ripostó:
"Fue mi lana la que dulcemente arropó;
le abrigaba en mañanas de frío invernal".
Y la ovejita también ripostó.

La palomita en lo alto observó:
"El niñito Jesús con mi canto durmió;
así lo arrullé hasta verlo dormir".
La palomita en lo alto observó.

Y así los animales vieron al Rey.
En pesebre humilde creyeron en él.
Le llevaron presentes a Emanuel.
Sus dones dieron a nuestro Rey.

LETRA: Villancico francés del siglo XII; trad. por Julito Vargas
MÚSICA: Melodía medieval francesa
Trad. © 2008 Abingdon Press, admin. por The Copyright Co., Nashville, TN 37212

Simeón y Ana

Entra a la

Versículo bíblico
Tu luz alumbrará a las naciones.
Lucas 2:32

Historia bíblica
Lucas 2:21-38

Tres rituales eran parte del nacimiento de cada niño primogénito en Israel. El primero se refería a "lo que la ley de Moisés mandaba", que era la circuncisión y darle nombre que se llevaba a cabo el octavo día luego del nacimiento. Este acto "esencial" se permitía incluso si caía en día sábado.

Los otros dos rituales se llevaban a cabo más o menos a seis millas de Belén en el Templo de Jerusalén. Si Jesús hubiera nacido en Nazaret, las ceremonias se habrían realizado en las sinagogas del lugar. Jesús se presentó al Señor en el Templo de Jerusalén, en lo que se llamaba la Redención del Primogénito (ver Números 18:16). Esta ceremonia tal vez remplazó los sacrificios de niños, práctica común en las religiones paganas durante el origen de la fe judía. El hijo primogénito se presentaba a Dios y luego "se redimía" con una ofrenda.

La tercera ceremonia se llevaba a cabo durante el nacimiento tanto de niños como niñas. Después del nacimiento de una criatura, se consideraba que la mujer era impura durante cuarenta días si la criatura era niño y por ochenta días si la criatura era niña. Durante ese tiempo podía realizar sus tareas cotidianas pero no podía tomar parte en ninguna ceremonia religiosa (ver Levítico 12). Para su purificación la nueva madre debía traer un cordero para hacer quemar una ofrenda y una paloma para la ofrenda por el pecado. Si era pobre, entonces podía ofrecer solamente dos palomas. Esta fue la ofrenda que María y José llevaron al Templo; Lucas usa esto para enfatizar las circunstancia humilde del nacimiento y herencia de Jesús.

El encuentro con Simeón y Ana, recalca la importancia de este niñito. Estos dos ancianos no se apartaban del Templo. Simeón esperaba por el cumplimiento de la promesa divina de que no moriría sin ver al Ungido del Señor. Por consiguiente reconoce en Jesús al Mesías y bendijo a Dios. Simeón profetizó la difícil vida de este pequeño y que traería gran dolor para su madre. Ana alabó a Dios por este niñito y esparció las buenas nuevas a todos a su alrededor. Al pasar el tiempo, María y José deben haberle dicho a Jesús sobre las profecías de que el gran poder de Dios traería luz a todas las naciones a través de él.

Podemos confiar en las promesas de Dios.

Vistazo a la

ZONA	TIEMPO	MATERIALES	ACCESORIOS DE ZONA®
Acércate a la zona			
Entra a la Zona	5 minutos	tocadiscos de discos compactos, página 170, cinta adhesiva	disco compacto
Mesa de celebración	5 minutos	página 171, Biblia, mesa pequeña, mantel blanco, tela de colores, vela, Biblia, fotografía de ancianos, figuras del nacimiento	ninguno
Mural de los doce días de Navidad	10 minutos	Reproducible 5C y 5D, papel largo, marcadores	ninguno
Zona Bíblica®			
Promesas	5 minutos	página 169, Biblias, tijeras	ninguno
Disfruta la historia	10 minutos	Reproducible 5A, proyector, Transparencia 3, tiza (opcional: cortina de baño transparente, marcadores de tinta permanente)	pizarra de director
Brazaletes de promesa	10 minutos	ver la página 65	corona de terciopelo
Yo conozco	5 minutos	disco compacto de música instrumental, tocadiscos de discos compactos	tubo de agua celestial, cencerro
Zona de Vida			
Doce días de Navidad	5 minutos	Reproducibles 5D y 5D, tijeras	ninguno
Alabanza y oración	5 minutos	Reproducibles 1E y 5E, página 171, mesa de celebración, tocadiscos de discos compactos, vela, cerillos o encendedor, fotografía de ancianos	disco compacto, corona de terciopelo

Los Accesorios de Zona® se encuentran en el **Paquete de DIVERinspiración®**.

PRIMARIOS MAYORES: LECCIÓN 5

Acércate a la

Escoja una o más actividades para capturar el interés de sus estudiantes.

Materiales:
tocadiscos de discos compactos
página 170
cinta adhesiva

Accesorios de Zona®:
disco compacto

Entra a la Zona

Tenga tocando música de Adviento/Navidad (**disco compacto, pistas 1-8**) **conforme llegan sus estudiantes**. Salúdeles con una feliz sonrisa.

Diga: ¡Bienvenidos a la Zona bíblica! Estoy feliz de que estén aquí. ¡Este es un lugar divertido donde conoceremos la Biblia!

Si sus estudiantes no se conocen entre sí, pídales que se pongan la etiquetas con su nombre (pág. 170).

Materiales:
página 171
mesa pequeña
mantel blanco
tela de colores
vela
Biblia
fotografía de ancianos
figuras del nacimiento

Accesorios de Zona®:
ninguno

Mesa de celebración

Pida a un o a una estudiante que haya llegado temprano que le ayude a preparar la mesa de celebración. Prepare la mesa con una vela, una Biblia y un retazo de tela del color que corresponda a la estación del año cristiano, de acuerdo con las instrucciones de la página 12. Para esta sesión coloque la fotografía de los ancianos al lado de la vela. Si tiene una fotografía de ancianos de su iglesia úsela. Conserve las figuras de María, José, el niño Jesús y los pastores sobre la mesa (todavía no use a los sabios –reyes magos– de oriente).

Pida a un estudiante que se prepare para hacer la oración final en la sección de alabanza y oración. Entréguele una copia de la oración de la lección 5 (página 171).

Materiales:
Reproducible 5C y 5D
papel largo (papel blanco grande o para repisa)
marcadores

Accesorios de Zona®:
ninguno

Mural de los doce días de Navidad

Provea un papel largo (papel blanco grande o para repisa) y divídalo en doce secciones. Escriba en la parte superior de cada sección con los doce días de Navidad, de acuerdo con la tabla en los **Reproducibles 5C y 5D**. Pida a sus estudiantes que tracen dibujos navideños para cada una de las secciones.

Zona Bíblica®

Escoja una o más actividades para sumergir a sus estudiantes en la historia bíblica.

Promesas

Antes de la clase, haga fotocopias y recorte las referencias bíblicas (página 169).

Coloque a sus estudiantes por parejas. Reparta Biblias y las referencias bíblicas que recortó con anterioridad. Pida que tengan a mano las referencias que recibieron, que lean las promesa hechas por Dios, y que llenen los espacios en blanco con la respuesta correcta.

Génesis 9:8-13	la promesa de Dios a <u>Noé</u>
Génesis 17:1-2	la promesa de Dios a <u>Abraham</u>
Génesis 28:10-15	la promesa de Dios a <u>Jacob</u>
Números 23:19	Dios siempre <u>cumple sus promesas</u>
Deuteronomio 26:16-19	la promesa de Dios a <u>Israel</u>
Jeremías 31:31-34	la promesa de Dios a <u>Israel</u> y <u>Judá</u>
1 Corintios 11:25	la promesa de Dios a <u>los discípulos</u>

Diga: Dios cumple sus promesas. En nuestra historia de hoy dos personas en le Templo creyeron que Dios había enviado al Mesías, y ellos reconocieron que en Jesús cumplía esa promesa.

Materiales:
página 169
Biblias
tijeras

Accesorios de Zona®:
ninguno

Disfruta la historia

Use la **Transparencia 3** con esta historia, y pida a algunos estudiantes que la representen mientras otros leen las partes. La transparencia está en blanco y negro y la puede colorear usando marcadores de tinta permanente. Si proyecta la transparencia detrás de una cortina transparente para baño, la acción se puede llevar a cabo enfrente y la escena se puede ver en la parte de atrás.

Reparta el **Reproducible 5A** y asigne las partes. Use la **pizarra de director** para comenzar la "película". Puede usar tiza para escribir la información en la pizarra de director.

NOTA PARA LOS MAESTROS:
Las respuestas para la actividad de los Reproducibles 5C y 5D en las páginas 64 y 68 son: Antiguo Testamento y Nuevo Testamento; fe, esperanza y amor; los cuatro Evangelios; los cinco libros del Pentateuco (Génesis, Éxodo, Números, Levítico, Deuteronomio); los seis días de la creación; siete dones del Espíritu Santo; las ocho bienaventuranzas; nueve frutos del Espíritu Santo; los diez mandamientos, los once discípulos fieles.

Materiales:
Reproducible 5A
Transparencia 3
proyector
tiza
opcional: marcadores de tinta permanente, cortina transparente para baño

Accesorios de Zona®:
pizarra de director

PRIMARIOS MAYORES: LECCIÓN 5

Historia de la  Bíblica

Simeón y Ana

(basada en Lucas 2:21-38)

Por Delia Halverson

Narrador: Ocho días después del nacimiento del niñito, sus padres, fieles a su religión, cumplieron con sus obligaciones y le dieron por nombre, Jesús. Otros treinta y tres días pasaron, y fueron al Templo en Jerusalén, donde presentaron a Jesús al Señor.

José: Nuestra fe nos enseña que cada niño primogénito pertenece al Señor. María y yo desearíamos poder sacrificar un cordero y una paloma.

María: José, Dios entiende, y aceptará nuestro sacrificio de dos palomas como testimonio de nuestro amor por Dios.

Narrador: Había dos ancianos, Simeón y Ana, que habían pasado la mayor parte de su vida en el Templo, esperando algún día conocer al Mesías o Salvador prometido. Aunque eran muy viejitos, continuaban creyendo.

Simeón: He vivido en Jerusalén y he esperado por muchos años para ver a la persona que Dios enviará para salvar a nuestro pueblo. ¿Puedo sostener al niñito?

Narrador: Los padres de Jesús le dieron el niño a Simeón. Sosteniéndolo en sus brazos, el anciano oró:

Simeón: Señor, soy tu siervo, y ahora puedo morir en paz, porque has cumplido lo que me prometiste. Con mis propios ojos he visto lo que has hecho para salvar a tu pueblo, y también las naciones extranjeras lo habrán de ver. Tu gran poder es luz para todas las naciones, y será la honra de tu pueblo Israel.

Narrador: A los padres de Jesús le sorprendieron las palabras de Simeón.

Simeón: Que Dios les bendiga María y José. Este hijo de ustedes hará que muchos en Israel caigan o se levanten. El niño será como una señal de advertencia. Muchos lo rechazarán y tú, María, sufrirás como si una espada atravesara tu propia alma. Pero todo esto mostrará los pensamientos de muchas personas.

Narrador: Una mujer, llamada Ana, también estaba allí. Se había casado en su juventud, pero su esposo había muerto, y ya tenía ochenta y cuatro años de viudez.

Ana: He servido a Dios orando noche y día en el Templo. Algunas veces ni siquiera me doy tiempo para comer. Alabo a Dios por este niñito que hoy he visto.

Narrador: Ana se fue y a todas las personas que se encontraba les contaba sobre el niñito Jesús y cómo Dios cumplía sus promesas.

Brazalete de promesa

Corte cuatro pedazos de hilo de tejer de diferente color o hilo para bordar de una yarda de largo. Una los pedazos con un nudo por uno de los extremos dejando una pulgada por encima del nudo. Pegue el nudo a la superficie de una mesa para que permanezca estable mientras usted trabaja, o use una tachuela para sostenerla a una pieza de cartón.

Necesitará entre ocho y diez cuentas perforadas para hacer su brazalete de promesa. Decore cada cuenta para representar sus promesas a Dios.

Separe las dos hileras centrales de la hilera a la derecha y la hilera a la izquierda.

Deslice una cuenta sobre las hileras centrales empújela hasta arriba. (Si es necesario enrede cinta adhesiva alrededor de las puntas de las hileras centrales para hacer más fácil deslizar las cuentas).

Pase las hileras derecha e izquierda alrededor de la cuenta. Usando la hilera de la izquierda pase sobre las dos hileras centrales, y debajo de la hilera derecha. Después tome la hilera derecha y pásela debajo de las hileras centrales y sobre la hilera izquierda. Empuje ambas hileras hasta que el nudo se forme debajo de la cuenta. Este es un medio nudo.

Decore las cuentas

Ate el nudo

2 hileras de hilo de tejer van a través de la cuenta.

Las otras 2 van alrededor de la cuenta y se atan en un nudo cuadrado.

El hilo que pasó a través de la cuenta ahora va alrededor de la cuenta y se ata en un nudo cuadrado, mientras las otras 2 hileras de hilo de tejer van a través de la cuenta.

Alterne el hilo de tejer a todo lo largo y a través de todas las cuentas.

Después tome la hilera izquierda y pásela debajo de las dos hileras centrales, y sobre la hilera derecha. Tome la hilera derecha y pásela por encima de las hileras centrales y debajo de la izquierda. Esto completa el nudo.

Repita el proceso para cada una de las cuentas.

Ate un nudo en el hilo de tejer después de la última cuenta. Ate los extremos para juntarlos y hacer el brazalete.

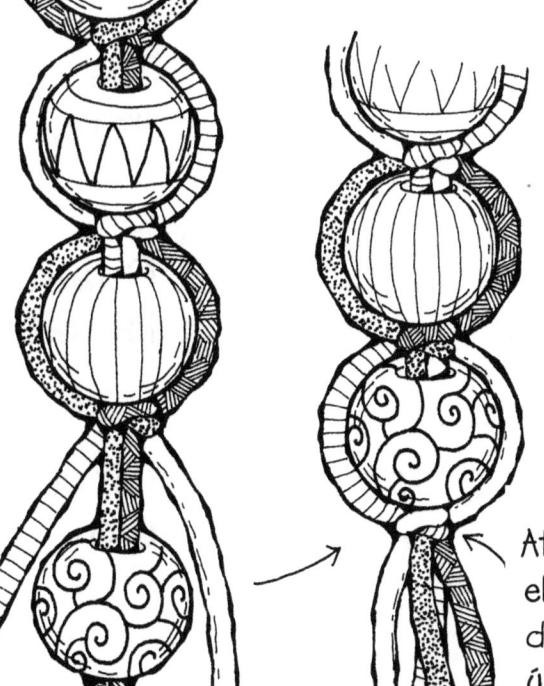

Ate un nudo en el hilo de tejer después de la última cuenta.

PRIMARIOS MAYORES: LECCIÓN 5 **Reproducible 5B**

Permiso de fotocopiado otorgado para el uso de la iglesia local. © 2008 Abingdon Press.

Los doce días de Navidad

Originalmente, esta canción se usaba como un medio de enseñanza en el cristianismo cuando las personas se preparaban para convertirse en miembros de la iglesia. La columna de la derecha tiene las referencias para descubrir el significado de trasfondo detrás del texto en la canción, que a su vez está relacionado al número del día. La lista continúa en la página 68. Añade los significados que faltan usando las referencias bíblicas

DÍA	ASUNTOS EN LA CANCIÓN	SIGNIFICADOS
En el primer día...	Amor verdadero Yo Perdiz en un árbol de pera	Dios Cristiano bautizado Jesús (una perdiz actúa como cebo para salvar a sus bebés)
En el segundo día...	Dos tórtolas	_____ __ _____ _____ Los dos Testamentos de la Biblia
En el tercer día...	Tres gallinas francesas	___, _____ y _____ (1 Corintios 13:13
En el cuarto día...	Cuatro aves llamadoras	___ _____ _____ (Mateo, Marcos, Lucas, Juan)
En el quinto día...	Cinco anillos de oro	___ _____ _____ ___ ___ _____ _____ La Torá

Reproducible 5C

Permiso de fotocopiado otorgado para el uso de la iglesia local. © 2008 Abingdon Press.

ZONA BÍBLICA®

Escoja una o más actividades para sumergir a sus estudiantes en la historia bíblica.

Brazaletes de promesa

Diga: Podemos ver cómo Dios cumplió la promesa de enviar al Mesías o un salvador. ¿Qué podemos prometerle a Dios? (*pase la* **corona de terciopelo** *a cualquier estudiante que desee hablar*).

Escriba las promesas sugeridas por sus estudiantes en la pizarra, pizarra blanca u hoja grande de papel. Esas promesas pueden incluir: leer la Biblia, asistir al culto con su familia; decir palabras amables a otras personas; ofrendar para las misiones; trabajar en o para un proyecto misionero; o prestar algún servicio en la iglesia. Después que hayan escrito varias sugerencias, pida a sus estudiantes que escojan las promesas que pueden hacer a Dios. Pueden elegir algunas de las que se mencionaron o elegir algunas especiales para ellos. Dígales que harán brazaletes de promesa para ayudarles a recordar lo que le han prometido a Dios. Podrán decorar una cuenta de madera con un marcador de punta fina de fieltro para cada promesa que hayan hecho a Dios.

Entrégueles el **Reproducible 5B** y ayúdeles cuando lo necesiten. Haga un brazalete con anticipación para tenerlo como ejemplo. El nudo que usarán sus estudiantes es el nudo cuadrado básico. Tenga cinta adhesiva gruesa o un trozo de cartón grueso y una tachuela para cada estudiante.

Muestre a sus estudiantes cómo unir cuatro hileras de hilo de tejer y atar un nudo en uno de los extremos de las hileras. Use una tachuela para sujetar el nudo a un trozo de cartón para que pueda colocar las hileras sobre el cartón. O use cinta adhesiva gruesa y pegue el nudo sobre la mesa. Guíe a sus estudiantes paso por paso para hacer los brazaletes.

Yo conozco

Pida a sus estudiantes que se sienten formando un círculo. Muestre el tubo de agua celestial.

Diga: En la historia de hoy, conocemos a Simeón y Ana personas muy ancianas involucradas en el trabajo del Templo, que era como la iglesia. Piensen en un anciano y algunas de las cosas positivas que hacen. Puede ser en la iglesia o en algún otro lugar. Pasaremos este tubo de agua mientras escuchamos la música. Cuando yo haga sonar el cencerro, el tubo de agua se detendrá, y la persona que lo esté sosteniendo terminará la siguiente frase: "Yo conozco a un anciano que..." Luego pasarán el tubo hasta que el cencerro vuelva a sonar.

Materiales:
Reproducible 5B
pizarra, pizarra blanca, o una hoja grande de papel
marcadores o tiza
cinta adhesiva gruesa, o cartón y alfileres
hilo de tejer de colores
cuentas de madera
marcadores de punto fino de fieltro

Accesorios de Zona®:
corona de terciopelo

Materiales:
disco compacto de música instrumental
tocadiscos de discos compactos

Accesorios de Zona®:
tubo de agua celestial
cencerro

PRIMARIOS MAYORES: LECCIÓN 5

Zona® de vida

Escoja una o más actividades para que la Biblia cobre significado en la vida diaria.

Materiales:
Reproducibles 5C y 5D
tijeras

Accesorios de Zona®:
ninguno

Doce días de Navidad

Antes de la clase haga fotocopias del **Reproducible 5C y 5D** y recórtelos para que las palabras y significados se repartan. (No separe las letras de la canción de sus significados). Revuélvalos para que no estén en el orden de la canción. Haga suficientes copias para que cada estudiante tenga su copia para llevar a casa. Reúna a la clase. **Respuesta pág. 61.**

Pregunte: ¿Recuerdan el nombre de la estación cristiana que celebramos durante cuatro semanas antes de Navidad? (*Adviento*). **Ese es el tiempo cuando anticipamos y nos preparamos para el día de Navidad. Ahora comenzamos con una estación que viene después del día de Navidad y es llamada los doce días de Navidad. Dura doce días hasta el 6 de enero, el día que llamamos de Epifanía, cuando recordamos la visita de los sabios o magos de oriente.** (*Vean el mural que la clase coloreó antes*). **Esta canción originalmente se usaba para enseñar el cristianismo. Cada día tenía un significado especial que se usaba para ayudarnos a recordar detalles sobre la fe cristiana.**

Al azar reparta los sobres y después pida a sus estudiantes que coloquen en orden de acuerdo con las palabras que están a la izquierda de sus fundas. Después pida a cada estudiante, en orden, que lean su palabra y compartan el significado que está del lado derecho de sus fundas.

Materiales:
Reproducible 1E y 5B
página 171
mesa de celebración
tocadiscos de discos compactos
fotografía de ancianos
vela
cerillos o encendedor

Accesorios de Zona®:
corona de terciopelo

Alabanza y oración

Use el cántico "Ve, di en la montaña" **(disco compacto, pista 2; Reproducible 1E),** llame a la clase a la mesa de celebración para el tiempo de alabanza y oración.

Encienda la vela y pida que se fijen en el color apropiado para la estación y la fotografía de los ancianos que está sobre la mesa.

Pregunte: ¿Por qué creen que tenemos una fotografía de ancianos sobre la mesa? (*Use la* **corona de terciopelo** *para facilitar la discusión, y permita varias respuestas*). **Los ancianos en nuestra historia de hoy dijeron algunas cosas muy sabias. Es bueno escuchar lo que las personas mayores nos dicen. ¿Qué le dijeron a María y José los ancianos de la historia de hoy?**

Reparta el **Reproducible 5E** y aprendan "La virgen María tuvo un niño" **(disco compacto, pista 6).**

Pida a el o la estudiante a quien usted asignó con anterioridad que cierre con la oración para la Lección 5 (página 171): "Amado Dios gracias por las personas en el tiempo de Jesús a las que les diste sabiduría y por las personas mayores a quienes se las has dado hoy. Ellas nos ayudan a cumplir las promesas que te hacemos. Amén.

Haga una copia de Zona Casera® para cada estudiante en su clase.

Zona Bíblica®

 # Casera® para estudiantes

DI GRACIAS

Piensa en una persona mayor en tu iglesia o comunidad y escríbele una carta. Incluye el siguiente versículo bíblico. :
Tu luz alumbrará a las naciones.
Lucas 2:32
O elige un versículo bíblico de tu preferencia.
Dale las gracias por ayudarte a hacer mejor todo.

Zona para pensar
¿Qué persona mayor te ha dado un consejo sabio? ¿Le has dado las gracias por ello?

Pastel de chocolate de la abuelita

en un tazón para mezclar cierne:
2 tazas razas de azúcar
3 tazas de harina
4 cucharadas de cocoa
1 cucharada de sal
3 cucharadas de soda
Haz un hoyo en el centro de los ingredientes secos y añada:
2 huevos, sin batir
½ taza de mantequilla
2 tazas de leche agria
2 cucharadas de agua
Bata la mezcla completamente. Coloque la masa en una recipiente para pastelitos (cupcakes), que esté cubierta con un molde de papel para pastelitos. Hornee a 350 grados F durante 25-30 minutos.

Versículo para memorizar

Tu luz alumbrará a las naciones.
Lucas 2:32

Podemos confiar en las promesas de Dios.

Permiso de fotocopiado otorgado para el uso de la iglesia local. © 2008 Abingdon Press.

Los doce días de Navidad

(*Continúa de la página 64*)

DÍA	ASUNTOS EN LA CANCIÓN	SIGNIFICADOS
En el sexto día...	Seis gansos poniendo	___ ___ ___ ___ (Génesis 1)
En el séptimo día...	Siete cisnes nadando	___ ___ ___ ___ ___ ___ (Romanos 12:6-8; 1 Corintios 12:8-11)
En el octavo día...	Ocho doncellas ordeñando	___ ___ ___ (Mateo 5:3-10)
En el noveno día...	Nueve damas bailando	___ ___ ___ ___ ___ ___ (Gálatas 5:22).
En el décimo día...	Diez señores saltando	___ ___ ___ (Éxodo 20:1-7)
En el onceavo día...	Once flautistas tocando	___ ___ ___ (acompañantes de Jesús menos Judas Iscariote)
En el doceavo día...	Doce bateristas tocando	Doce asuntos en el Credo Apostólico

Reproducible 5D

Zona Bíblica

Cántico de

La virgen María tuvo un niño

Nacióle un niño a María hoy.
Nacióle un niño a María hoy.
Nacióle un niño a María hoy.
Y le puso por nombre Jesús.

Él viene en gloria.
Del glorioso reino viene.
¡Oh, sí, cristianos!
¡Oh, sí, cristianas!
Él viene en gloria.
Del glorioso reino viene.

Cantaron ángeles: "¡Gloria a Dios!"
Cantaron ángeles: "¡Gloria a Dios!"
Cantaron ángeles un "¡Gloria a Dios!"
Y llamaron su nombre Jesús.

Pastores fueron a adorar al Rey.
Pastores fueron a adorar al Rey.
Pastores fueron a adorar al Rey.
Y llamaron su nombre Jesús.

LETRA: Villancico de las Indias Occidentales; trad. por Julito Vargas
MÚSICA: Villancico de las Indias Occidentales
© 1945; trad. © 2008 Boosey & Co. Ltd., admin. por Boosey and Hawkes, Inc.

Los sabios de oriente siguen la estrella

Entra a la ZONA

Versículo bíblico

Vimos su estrella en el oriente y hemos venido a adorarlo.

Mateo 2:2

Historia bíblica
Génesis 17:1-7, 15-17; 18:1-15; 21:1-8

La Biblia no nos informa sobre el número de visitantes que llegaron del Este para ver a Jesús, y tampoco dice si su visita se llevó a cabo en una casa y no en el establo. Aunque nosotros nos referimos a ellos como reyes, personas estudiosas nos dicen que los sabios eran líderes religiosos, tal vez instructores o consejeros de los reyes de Persia, que se especializaron en astrología. Ellos creían que la aparición de ciertos signos en el cielo nocturno indicaban el nacimiento de un importante personaje. Llegaron a Judea buscando a un niño rey, y fueron a ver al jefe del gobierno. Su intento por encontrar y adorar a este rey, naturalmente que fue una amenaza para Herodes.

Hoy la tradición nos dice que tres sabios fueron a adorar a Jesús, tal vez debido a la cantidad de regalos entregados al niñito. Oro, el más preciado de los metales, era apropiado para un rey. El incienso, era una sustancia aromática usada por los sacerdotes en los cultos y sacrificios en el Templo. Tenía un dulce perfume que se creía que abría el camino para llegar a Dios, y era apropiado para alguien que abriría el camino para que nos pudiéramos comunicar con Dios de una manera personal. La mirra, que se usaba para embalsamar el cuerpo después de morir, parecía un regalo extraño para un bebé, a menos que uno supiera cómo habría de terminar la historia.

En un sueño, los sabios recibieron aviso para que evitaran a Herodes y regresaran a su hogar por un camino diferente para así proteger a Jesús. En un sueño, José recibió aviso para que tomara al bebé y a su esposa, y abandonara el país; una vez más, como medio para proteger a Jesús. A muy temprana edad el niñito Jesús se convierte en un refugiado.

Ni los jefes del gobierno ni los jefes religiosos le dieron la bienvenida a alguien destinado a ser un gran líder. Herodes hizo arreglos para que todo niño menor de dos años fuera asesinado. Los líderes religiosos, atrapados en su propio mundo, ni siquiera hicieron el viaje de seis millas a Belén para comprobar la historia. Fueron los gentiles, personas extranjeras, quienes buscaron al niño Mesías, le trajeron regalos y le adoraron. Dios llegó para todo el mundo, tanto para gentiles como para judíos.

Jesús es el Salvador enviado por Dios para la gente en todo el mundo.

Vistazo a la

ZONA	TIEMPO	MATERIALES	ACCESORIOS DE ZONA
Acércate a la zona			
Entra a la Zona	5 minutos	página 170, cinta adhesiva	ninguno
Mesa de celebración	5 minutos	página 171, mesa pequeña, mantel blanco, tela de colores, vela, Biblia, figuras de navidad (incluyendo a los sabios de oriente)	ninguno
Resuelve el crucigrama	5 minutos	Reproducible 6C, Biblias, lápices	ninguno
Zona Bíblica®			
Lee la historia de la Biblia	5 minutos	página 6C, Biblias	corona de terciopelo
Disfruta la historia	10 minutos	Reproducible 6A–6B	corona de terciopelo
Comparte tu fe	5 minutos	Reproducible 6D, lápices, tijeras, crayones o marcadores	mini-palillos de ropa
Versículo en ronda	5 minutos	ninguno	ninguno
Zona de Vida			
Relevo de caminata de camello	5 minutos	cronómetro o reloj con segundero, cinta adhesiva para paquetes	bolas transparentes y coloreadas
Alabanza y oración	10 minutos	Reproducibles 1E y 6E, página 171, mesa de celebración, tocadiscos de discos compactos, figuras de navidad, vela, cerillos o encendedor	disco compacto, corona de terciopelo

Los Accesorios de Zona® se encuentran en el **Paquete de DIVERinspiración®**.

PRIMARIOS MAYORES: LECCIÓN 6

Acércate a la Zona

Escoja una o más actividades para capturar la atención de sus estudiantes.

Materiales:
página 170
cinta adhesiva

Accesorios de Zona®:
ninguno

Entra a la Zona

Salude a cada estudiante con una sonrisa. Si sus estudiantes no se conocen, pídales que se pongan las etiquetas con su nombre (Pág. 170).

Diga: ¡Bienvenidos a la Zona bíblica! Estoy feliz de que estén aquí. ¡Este es un lugar divertido donde conoceremos la Biblia!

Materiales:
página 171
mesa pequeña
mantel blanco
tela de colores
vela
Biblia
figuras de navidad
  (use cuatro sabios de oriente en lugar de los tres tradicionales)

Accesorios de Zona®:
ninguno

Mesa de celebración

Pida a un o a una estudiante que haya llegado temprano que le ayude a preparar la mesa de celebración. Prepare la mesa con una vela, una Biblia y un retazo de tela que corresponda al color de la estación del año cristiano de acuerdo con las instrucciones de la página 12.

Para esta sesión coloque las figuras de los sabios de oriente junto a las otras figuras de navidad.

Pida a un estudiante que se prepare para hacer la oración final en la sección de alabanza y oración. Dé a ese estudiante una copia de la oración de la lección 6 (página 171).

Materiales:
Reproducible 6C
Biblias
lápices

Accesorios de Zona®:
ninguno

Resuelve el crucigrama

Reparta el **Reproducible 6C**, las Biblias y los lápices. Diga a sus estudiantes que pueden usar las Biblias para encontrar las respuestas.

Respuestas:
1 horizontal: incienso
3 vertical: Jesús
4 horizontal: tres
7 vertical: estrella
8 vertical: oro
9 horizontal: mirra
2 horizontal: Este
10 vertical: Jerusalén
5 horizontal: Herodes
6 vertical: Magos
11 vertical: sueño

Escoja una o más actividades para sumergir a sus estudiantes en la historia bíblica.

Lee la historia de la Biblia

Pegunte a sus estudiantes si han aprendido algo nuevo del crucigrama (**Reproducible 6C**).

Pase la **corona de terciopelo** a quien desee tomar parte en la discusión. Después reparta las Biblias y lean la historia en Mateo 2:1-12.

Disfruta la historia

Reparta los **Reproducibles 6A–6B**. Explique que esta historia se narra desde el punto de vista de uno de los magos o sabios de oriente.

Lea la historia y pregunte a sus estudiantes si ven algo diferente de lo que tradicionalmente pensaban acerca de los sabios de oriente. Durante la discusión compare la historia-que-pudo-haber-sucedido con el pasaje bíblico.

Ayude a sus estudiantes a ver que los sabios llegaron más tarde que los pastores, cuando María, José y Jesús ya estaban en una casa. La Biblia no menciona el número de sabios, sino solamente que los regalos fueron tres.

Use la **corona de terciopelo** para facilitar la discusión.

Materiales:
Reproducible 6C
Biblias

Accesorios de Zona®:
corona de terciopelo

Materiales:
Reproducibles 6A–6B

Accesorios de Zona®:
corona de teriopelo

PRIMARIOS MAYORES: LECCIÓN 6

Historia de la  Bíblica

Una voz del pasado

(basada en Lucas 2:1-12)

Por Delia Halverson

Sucedió hace mucho tiempo atrás, ya me estoy poniendo viejo, pero todavía puedo recordarlo como si fuera ayer. Ahí, delante de nosotros estaba el más encantador pequeño que hubiera visto: ¡vivaz y sonriente! Su piel era bronceada, y sus ojos oscuros brillaban. Pero permítanme comenzar por el principio.

En ese tiempo yo era consejero para un rey Persa. Conozco muy bien la astrología, el estudio de las estrellas, y usaba mi conocimiento para ayudar al rey a tomar decisiones. Mis amigos y yo habíamos estado observando las estrellas y esperando el nacimiento de un niño que crecería para cambiar el mundo como lo conocíamos por uno de paz. Teníamos la certeza de que cuando esto ocurriera habría una señal en el cielo.

La noche en que vi aparecer la estrella, ¡supe que esa era nuestra señal! Mis amigos también la vieron, e inmediatamente comenzamos a planear nuestro viaje. No pudimos ir todos en busca del niño, porque nuestro rey podría necesitar nuestro consejo, pero cuatro de nosotros hicimos el viaje. ¡Y qué viaje fue aquel! Ese ha sido el evento más importante en toda mi vida.

Formamos una pequeña caravana, porque no teníamos ni idea a dónde nos llevaría esa jornada. Llevamos sirvientes para que prepararan nuestros alimentos y atendieran a los animales. Había camellos para montar y otros para cargar el resto del equipo. Había tiendas de campaña, utensilios para cocinar, ropa y mantas, comida para nosotros y los animales, recipientes de cuero para el agua, herramientas para reparar los utensilios que se pudieran romper, armas para protegernos y, por supuesto, nuestros materiales de astrología.

Queríamos llevar regalos para este recién nacido rey, y finalmente decidimos llevar tres: oro, incienso y mirra.

No entraré en los detalles del camino. Pero no necesito decir que fue bastante difícil. Viajamos muchos días y tomamos algunas malas decisiones. Con frecuencia preguntamos a la gente cuando pasábamos por las villas y las ciudades, pero nadie nos podía dar información útil. Viajamos de noche para poder seguir a la estrella y porque también era mucho más fresco, debido a que atravesamos muchos desiertos.

Algunas de esas áreas por las que pasamos eran exuberantes y verdes. Otras eran desoladas, rocosas y difíciles; y otras veces eran simplemente desiertas. El viento nos azotaba y la ardiente arena se metía entre nuestras ropas. Cuando eso pasaba, nuestra única alternativa era levantar nuestro campamento y esperar. No nos atrevíamos continuar con el viaje porque nos habríamos perdido en medio de la tormenta de arena. Algunas veces estas tormentas duraban varios días, y nos hacían perder tiempo.

Algunas veces nos desviamos del camino para poder encontrar un pozo, ¡solamente para descubrir que estaba seco! Es cierto que los camellos pueden andar una gran distancia sin tomar agua; pero cuando necesitaban tomar agua, se necesitaban muchos galones para que se abastecieran. Cuando solamente encontrábamos pozos secos, nuestros animales se debilitaban. Varias veces nuestros siervos nos rogaban que regresáramos, pero continuamos, seguros de que lograríamos lograr nuestra meta.

Además de las tormentas de arena, encontramos bandidos y animales salvajes. En esas ocasiones nos alegramos de tener siervos que nos protegieran. Cuando pasas tu vida perfeccionándote en el estudio de las estrellas, no tienes tiempo para aprender a protegerte de los bandidos y los animales salvajes.

Cuando llegamos a Jerusalén, estábamos seguros de que habíamos encontrado al niño rey. La estrella se hizo más brillante, y hacía que la noche pareciera el amanecer.

Por fin encontramos el palacio del Rey Herodes y le preguntamos dónde podíamos encontrar al niño rey que traería la paz al mundo. Creo se sorprendió mucho por nuestra pregunta, pero lo disimuló muy bien. Llamó a sus consejeros religiosos, al jefe de los sacerdotes y maestros de la Ley de Moisés. Ellos buscaron en las Escrituras y nos dijeron que se esperaba que naciera en Belén, un pequeño pueblo al sur de Jerusalén.

Antes de salir hacia Jerusalén, Herodes nos llamó en secreto y nos preguntó cuándo habíamos visto la estrella por primera vez.

Después nos dijo que buscáramos al niño y le dejáramos saber cuando lo encontráramos. Él nos informó que también quería ir a adorar al niño, pero ese hombre estaba tan lleno de orgullo propio, que yo creo que no adoraría a nadie sino a él mismo.

Al llegar a Belén, pareció como si la estrella se hubiese detenido exactamente sobre una casa. Entramos a la casa, y allí encontramos al encantador niño, junto a su pequeña familia. Cuando conocimos a sus padres, supimos que sería criado en el ambiente perfecto para la misión que tendría en su vida.

No pudimos hacer otra cosa sino inclinarnos para adorar a este recién nacido rey. Le entregamos los regalos que habíamos traído: oro, incienso y mirra.

Antes de despedirnos, se nos advirtió en un sueño que no regresáramos ante Herodes para darle la noticia. Si Herodes verdaderamente quería adorar al niño, lo habría buscado él mismo. Así que nos regresamos a nuestra tierra por un camino diferente.

Cuando regresamos, éramos personas completamente diferentes. Esparcimos la noticia sobre este evento especial a todas las personas que encontramos por nuestra ruta de regreso y a todos en nuestro hogar. ¡Qué diferencia haría ese niño en el mundo!

Recientemente, hemos escuchado que no está conquistando al mundo con una fuerza militar. Más bien su estrategia es cambiar a la gente una por una, para hacer un mundo mejor.

La visita de los magos

Puedes usar a Mateo 2:1-12 para completar el crucigrama

Horizontal

1. _____ uno de los regalos, se usaba en las ceremonias religiosas. Tenía un aroma dulce.

2. Los sabios vinieron del _____

4. Los sabios trajeron _____ regalos.

5. El rey _____ preguntó al jefe de los sacerdotes lo que las Escrituras decían.

9. _____, uno de los regalos se usaba para preparar un cuerpo para la tumba.

Vertical

3. Es incierto cuántos sabios vinieron a visitar al niñito _____

6. Cuado los _____ llegaron a Belén, la familia de tres vivía en una casa.

7. Los sabios vieron la _____ que anunciaba el nacimiento de Jesús.

8. El _____, uno de los regalos, es un metal precioso, que era un regalo adecuado para un rey.

10. Los sabios preguntaron sobre el nacimiento en _____

11. A los sabios se les advirtió en un _____ que no regresaran a Jerusalén.

Reproducible 6C

Permiso de fotocopiado otorgado para el uso de la iglesia local. © 2008 Abingdon Press.

ZONA BÍBLICA®

Escoja una o más actividades para sumergir a sus estudiantes en la historia bíblica.

Comparte tu fe

Reparta el **Reproducible 6D,** lápices y crayones o marcadores. Sus estudiantes ilustrarán y decorarán los dichos en las cajas, las recortarán y las asegurarán con los **mini-palillos para ropa**.

Los dichos pueden asegurarse en lugares alrededor de sus hogares, a su ropa, o se pueden dar a amigos para compartir su fe.

Materiales:
Reproducible 6D
lápices
tijeras
crayones o marcadores

Accesorios de Zona®:
mini-palillos para ropa

Versículo en ronda

Divida a sus estudiantes en cuatro equipos. Numere los equipos del uno al cuatro. Cada equipo necesitará memorizar una breve sección del versículo bíblico.

Pida a los equipos que digan sus frases en orden. Después diríjales para decir el verso en una ronda.

Primer equipo: vimos su estrella...

Segundo equipo: en el oriente...

Tercer equipo: y hemos venido...

Cuarto equipo: a adorarlo.

Vimos su estrella en el oriente y hemos venido a adorarlo.

Materiales:
ninguno

Accesorios de Zona®:
ninguno

ZONA de vida

Escoja una o más actividades para que la Biblia cobre significado en la vida diaria.

Materiales:
cronómetro o reloj con segundero
cinta adhesiva para paquetes

Accesorios de Zona®:
Bolas transparentes y coloreadas

Relevo de caminata de camello

Forme cuatro grupos (si tiene un grupo grande, divídalo en grupos adicionales). Use la cinta adhesiva para paquetes para marcar las líneas en sitios opuestos del salón. Dos grupos se colocarán detrás de la línea de un lado del salón, y los otros dos grupos detrás de la línea en el lado opuesto, de frente a los primeros grupos. Se debe colocar la **bola transparente y coloreada** entre los pies y caminar de un lado al otro. Se pasará la bola a la próxima persona en línea, y será el turno de esa persona. Ir hacia delante arrastrando los pies es la mejor manera de avanzar. Demuestre el procedimiento para que la clase lo vea.

Lleve el tiempo que le toma a cada grupo realizar esta tarea, y luego repetirán la actividad otra vez para que mejoren su tiempo.

Materiales:
Reproducible 1E y 6E
página 171
mesa de celebración
tocadiscos de discos compactos
figuras de navidad
vela
cerillos o encendedor

Accesorios de Zona®:
corona de teriopelo

Alabanza y oración

Escuchen el cántico "Ve, di en la montaña" **(disco compacto, pista 2; Reproducible 1E), invite** a la clase a la mesa de celebración para el tiempo de alabanza y oración.

Encienda la vela y pida a la clase que se fijen en el color de la tela sobre la mesa, señale que es el color apropiado para la estación y que también se ha añadido a los cuatro reyes magos (sabios de oriente) a las figuras de la natividad sobre la mesa.

Pregunte: ¿Por qué creen que tenemos cuatro magos/sabios en lugar de los tradicionales tres? (*Si nadie lo recuerda, pídales que abran sus Biblias en Mateo 2:1-2 y averigüen cuántos sabios se menciona*).

Use la **corona de terciopelo** para facilitar las respuestas.

Pregunte: ¿Alguna vez han observado las estrellas en la noche? ¿Qué pensamientos han pasado por su cabeza mientras las observaban? ¿Se dan cuenta de que la gente de el tiempo de la Biblia observaron las mismas estrellas?

Reparta el **Reproducible 6E.** Lean y discutan las palabras del cántico "Estos astros" **(disco compacto, pista 1).** Aprendan el cántico.

Pida a el o la estudiante que usted asignó con anterioridad que cierre con la oración para la Lección 6 (página 171): "Dios nuestro, sabemos que enviaste a Jesús para todo el mundo, no solamente para quienes vivían en Israel durante el tiempo de su nacimiento. Gracias por incluirnos en tu plan. Amén".

Haga una copia de Zona Casera® para cada estudiante en su clase.

Casera para estudiantes

Barras viajeras de avena

1 ½ taza de mantequilla, cortada
1 taza de albaricoque bien apretada
1 ½ taza de tradicionales hojuelas de avena
1 taza de harina
1 taza de azúcar morena, bien apretada
½ cucharadita de sal
½ cucharadita de canela
1 cucharadita de vainilla

caliente el horno a 350 grados F. Derrita la mantequilla y deje que se enfríe. Cubra con papel aluminio el fondo y las paredes de una cacerola para hornear rectangular de 9 pulgadas. Engrase ligeramente el papel aluminio con mantequilla ablandada.

Corte el albaricoque en pedazos de media pulgada. Combine las hojuelas de avena, la harina, la azúcar morena, sal y canela. Mezcle hasta que no haya grumos. Añada el albaricoque, la mantequilla derretida y la vainilla y mueva hasta que esté bien mezclado. Coloque la masa en la cacerola, y cubra con el aluminio presionando con sus dedos.

Hornee durante 35-40 minutos hasta que esté de color dorado ligero. Deje enfriar la cacerola en una reja de metal. Cuando se halla enfriado, levante el aluminio y barras de la cacerola y colóquela sobre su mesa. Retire el aluminio y corte en cuadrados. Almacénelas en un recipiente al que no entre aire.

Zona para pensar

¿Cómo será el mundo de la gente en otros países? ¿Cuán diferentes pueden ser sus vidas de la tuya

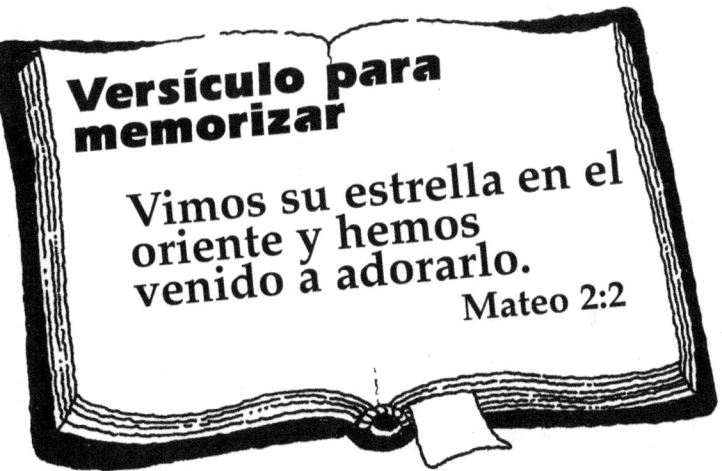

Versículo para memorizar

Vimos su estrella en el oriente y hemos venido a adorarlo.
—Mateo 2:2

DIARIO DE LA TIERRA

Los sabios de oriente tuvieron que viajar en todo tipo de clima. Eran hombres que estudiaban la naturaleza, especialmente las estrellas. Crea un Diario de la Tierra para registrar las observaciones que hagas sobre la naturaleza. Usa un cuaderno de hojas sueltas o un cuaderno de espiral y separa una hoja para cada uno de los siguientes asuntos. Cada día registra las observaciones que hagas en esas áreas. Puedes crear otras páginas conforme vayas observando cosas diferentes.

Clima (temperatura, lluvia, viento, y elementos similares).
Amanecer, anochecer.
Estrellas y luna.
Árboles.
Flores y plantas.
Insectos.
Animales.
Personas.

Jesús es el Salvador enviado por Dios para la gente en todo el mundo.

Permiso de fotocopiado otorgado para el uso de la iglesia local. © 2008 Abingdon Press.

PRIMARIOS MAYORES: LECCIÓN 6

¡Sonríe! Jesús te ama	Siempre confía en Dios
¡Dios cumple sus promesas!	El mundo está en las manos de Dios
Sirve al Señor	Dios te hizo especial

Cántico de

Estos astros

Esos astros también son los que vio Abraham.
Al levantar su rostro a Dios
millones astros observó.
De alegría se llenó Abraham.

Me inspiran en mi fe, David también los vio.
Sus dudas supo disipar.
Acerca del amor de Dios
en los salmos que David escribió.

Brillaron allá en Belén dando luz eternal.
Sirvieron de promesa fiel.
Y al ver esto María y José
supieron que era digno esperar.

Estos astros también son los mismos hoy y ayer.
Siguen cantando del amor
que anuncia el reino de Dios.
Testigos fieles seguirán los mismos astros.

LETRA: Richard K. Avery y Donald S. Marsh; trad. por Julito Vargas
MÚSICA: Richard K. Avery y Donald S. Marsh
© 1979; trad. © 2008 Hope Publishing Co., Carol Stream, IL 60188
Todos los derechos reservados. Usado con permiso. Para permiso para reproducir este himno, ponerse en contacto con Hope Publishing Co. llamando al 1-800-323-1049 o www.hopepublishing.com

Samuel unge a David

Entra a la ZONA

Versículo bíblico

El hombre se fija en las apariencias, pero yo me fijo en el corazón.

1 Samuel 16:7

Historia bíblica
1 Samuel 16:1-13

El pueblo de Israel quería tener un rey para que le dirigiera, emulando de esta manera a los pueblos que le rodeaban. En cierta forma, rechazaron la dirección de Dios por medio del profeta Samuel. No obstante, Dios escogió a Saúl por rey e instruyó a Samuel para que le ungiera. Sin embargo, la falta de fidelidad de Saúl fue una decepción para Dios y Samuel. Por lo que Dios instruyó al profeta a que llenara su cuerno con aceite y se preparara para ungir al sucesor de Saúl. La vida de Samuel corría peligro, si Saúl se enteraba de su cometido.

Tal como Dios le indicó, Samuel salió hacia Belén bajo el pretexto de que iba para ofrecer sacrificio, pero antes debería asegurarse de que Isaí y sus hijos estuvieran presentes. Dios no eligió a ninguno de los hijos mayores de Isaí e instruyó a Samuel para que ungiera al más joven, tal como hizo cuando eligió a Isaac en lugar de Ismael (Génesis 17:15-21), a Jacob en lugar de Esaú (Génesis 28:10-17), a José en lugar de sus hermanos mayores (Génesis 37:9-11), y a Gedeón en lugar de sus hermanos mayores (Jueces 6:15). Con frecuencia Dios levanta a los más "humildes". En el caso de David, Dios no seleccionó a los hermanos más prominentes (los mayores, los más altos, los más fuertes, o los más maduros), sino que amó y eligió a David tal cual era.

Si al ser ungido, David hubiera sido el jovencito que muchas veces se refleja en los cuadros, hubiera estado acompañado de un hermano mayor cuando cuidaba a las ovejas. David era el hijo más joven, pero era lo suficientemente maduro y experimentado para estar solo en el campo sin sus hermanos.

David no se convirtió en rey inmediatamente. Regresó a cuidar las ovejas, probablemente pasando muchos días y noches considerando la gran responsabilidad que Dios le había puesto delante. Pastorear ovejas desarrolla el carácter y trae madurez: ternura por las ovejas desamparadas, preocupación por las ovejas perdidas o heridas, sabiduría para encontrar los lugares de buen pasto, paciencia para lidiar con las ovejas tercas, y disposición para tomar riesgos para poder ser fieles a la confianza que han depositado en el pastor. La vida de pastor también le dio tiempo a David para la contemplación y para crecer en su relación con Dios.

Dios nos ama tal cual somos.

Vistazo a la

ZONA	TIEMPO	MATERIALES	ACCESORIOS DE ZONA
Acércate a la zona			
Entra a la Zona	5 minutos	página 170, cinta adhesiva, tocadiscos de discos compactos	disco compacto
Mesa de celebración	5 minutos	página 172, mesa pequeña, mantel blanco, tela de colores, vela, Biblia, figura o fotografía de una oveja	ninguno
		Reproducible 6C, Biblias, lápices	
Ilustra un cántico	5 minutos	Reproducible 7D, marcadores, Biblia	ninguno
Zona Bíblica			
Localiza a Belén	5 minutos	Transparencia 1, proyector	ninguno
Disfruta la historia	10 minutos	Reproducible 7A–7B, Biblia	corona de terciopelo
Crea una tarjeta de Salmo	5 minutes	Reproducible 7C, marcadores (opcional: papel de construcción o papel grueso)	ninguno
Aprende un cántico	5 minutos	Reproducible 7E, tocadiscos de discos compactos	disco compacto
Zona de Vida			
¡No lo creo!	5 minutos	Cronómetro o reloj con segundero, cinta adhesiva para paquetes	ninguno
Alabanza y oración	10 minutos	Reproducibles 7D y 7E página 172, mesa de celebración, tocadiscos de discos compactos, figura o fotografía de una oveja, vela, cerillos o encendedor	disco compacto

Los Accesorios de Zona® se encuentran en el **Paquete de DIVERinspiración®**.

PRIMARIOS MAYORES: LECCIÓN 7

Acércate a la Zona

Escoja una o más actividades para capturar el interés de sus estudiantes.

Materiales:
tocadiscos de discos compactos
página 170
cinta adhesiva

Accesorios de Zona®:
disco compacto

Entra a la Zona

Tenga tocando la música **del disco compacto (pistas 9-14)** mientras llegan sus estudiantes. Salúdeles con una sonrisa.

Diga: ¡Bienvenidos a la Zona Bíblica! Estoy feliz de que estén aquí. ¡Este es un lugar divertido donde conoceremos la Biblia!

Si sus estudiantes no se conocen, pídales que se pongan las etiquetas con su nombre (Pág. 170).

Materiales:
página 172
mesa pequeña
mantel blanco
tela de colores
vela
Biblia
figura o fotografía de una oveja

Accesorios de Zona®:
ninguno

Mesa de celebración

Pida a un o a una estudiante que haya llegado temprano que le ayude a preparar la mesa de celebración. Prepare la mesa con una vela, una Biblia y un retazo de tela del color que corresponda a la estación del año cristiano de acuerdo con las instrucciones de la página 12.

Para esta sesión coloque las figuras de los sabios de oriente junto a las otras figuras de Navidad.

Pida a un estudiante que se prepare para hacer la oración final en la sección de alabanza y oración. Entréguele una copia de la oración de la lección 7 (página 172).

Materiales:
Reproducible 7D
Biblias
marcadores

Accesorios de Zona®:
ninguno

Ilustra el cántico

Reparta el **Reproducible 7D** y los marcadores. Pida a sus estudiantes que lean la letra del cántico "El Señor es mi pastor" y que coloreen las orillas. El reproducible se usará más adelante. Cuando todos hayan terminado, pregunte si la letra les parece familiar. Reparta las Biblias y busquen el Salmo 23. lea el Salmo y después comparen la letra de la canción con lo que dice la Biblia.

Diga: Este trimestre tenemos como tema "La ciudad de David". Se cree que la persona que escribió este Salmo es el David al que se refiere nuestro tema. Él fue un pastor que mas tarde en su vida llegó a ser en un gran rey. David nació en Belén y creció cuidando a las ovejas de su papá.

Escoja una o más actividades para sumergir a sus estudiantes en la historia bíblica.

Localiza a Belén

Proyecte la **Transparencia 1** (mapa de Palestina) en la pared. Señale dónde está localizada Belén. Explique que cuando ocurrieron los hechos de esta historia, la ciudad de Jerusalén todavía no pertenecía a los israelitas. Probablemente Jerusalén era una pequeña aldea, y Belén pudo haber sido más grande.

Recuerde el significado de Belén ("casa de pan"). Explique que Belén estaba rodeada de campos de grano y también de campos donde pastaban las ovejas.

Materiales:
Transparencia 1
proyector

Accesorios de Zona®:
ninguno

Disfruta la historia

Reparta los **Reproducibles 7A–7B,** y explique que en el tiempo de David, no había periódicos pero que si los hubiera habido, hubieran aparecido artículos semejantes a estos.

Pase la **corona de terciopelo** a sus estudiantes para que tomen su turno para leer varios artículos del periódico.

Después de leer el reproducible, reparta las Biblias y pida a sus estudiantes que busquen a 1 Samuel 16:7. Invíteles a que miren el artículo "El profeta Samuel visita Belén" y busquen la oración en el segundo párrafo que dice: "el hombre se fija en las apariencias, pero yo me fijo en el corazón". Este versículo es de la versión de la Biblia Dios Habla Hoy.

Si sus Biblias son de versiones diferentes, explique que el texto original fue escrito en hebreo, y diferentes personas lo han traducido de manera diferente. Después lean la oración en el periódico todos juntos.

Materiales:
Reproducibles 7A–7B
Biblias

Accesorios de Zona®:
corona de terciopelo

Primarios Mayores: Lección 7

Historia de la Zona Bíblica

El Diario De Belén

Volumen 100, no. 124 — Derechos de autor 2008 — correo pagado

(basado en Lucas 2:1-12)

El profeta Samuel visita Belén

El profeta Samuel estuvo recientemente en la ciudad para ofrecer el sacrificio de un becerro. Los oficiales de la ciudad estaban temerosos cuando lo recibieron en las puertas de la ciudad, y le preguntaron sobre el motivo de su visita. Samuel les aseguró que era una visita amistosa. Traía un becerro e hizo los preparativos para ofrecer el becerro en sacrificio al Señor.

Los líderes de Belén asistieron al sacrificio, incluyendo a Isaí y sus hijos. Todos los hijos de Isaí se presentaron ante el profeta. Eliab, el mayor de los hijos, se destacaba entre sus hermanos por su altura y buena apariencia, pero Samuel lo rechazó. Luego, Isaí mandó a Abinadab, y Samuel también lo rechazó, al igual que a Sama. Al final, Samuel rechazó a los siete hijos de Isaí que habían llegado hasta allí, diciendo "El hombre juzga a otros por su apariencia, pero el Señor juzga a la gente por lo que hay en su corazón".

Samuel preguntó a Isaí si tenía algún otro hijo, e Isaí mandó a traer a David, que estaba cuidando las ovejas de su padre fuera de la ciudad. Cuando David llegó, Samuel derramó aceite sobre la cabeza del jovencito mientras sus hermanos observaban. David reconoció la importancia de este acto, y la bendición del Señor pareció llegar a él.

Después del sacrificio, Samuel regresó a su hogar en Ramá.

Una caravana pasa por el pueblo

Esta semana una larga caravana de Hebrón pasó por el pueblo en camino a Egipto. Los mercaderes que viajaban en la caravana traía una gran cantidad de tejidos. Prometieron traer herramientas de metal de Egipto cuando regresaran.

Reproducible 7A

Permiso de fotocopiado otorgado para el uso de la iglesia local. © 2008 Abingdon Press.

El camino al pozo de la ciudad será reparado

Los padres de la ciudad han decidido reparar el camino que lleva al pozo en las puertas de la ciudad. Este pozo ha sido un lugar importante en nuestra ciudad por más de 800 años, al menos desde el tiempo de nuestro antepasado Jacob. La tumba de Jacob y Raquel están cerca del pozo.

ANUNCIOS CLASIFICADOS

SE SOLICITA

El dueño de un rebaño de ovejas está buscando a una persona para que cuide del mismo. La persona debe conocer bien el campo y ser capaz de encontrar buenos pastos y aguas tranquilas, y debe permanecer lejos del peligroso Valle de la Muerte. Fuerza y astucia son básicas para que pueda proteger a las ovejas de los animales salvajes. También debe saber curar las heridas de las ovejas. Este trabajo requiere paciencia con las ovejas descarriadas y la habilidad para ganar su confianza para que las ovejas lo puedan seguir. Presente su solicitud en la casa de Isaí.

EDITORIAL

¿Acaso un joven pastor es buen candidato para ser rey?

Editor Elihu

Corre el rumor de que mientras Samuel estuvo aquí, ungió a David para ser el próximo rey.

Ahora bien, todos conocemos a David, el hijo de Isaí, ya que creció aquí. De hecho, sigue creciendo, aunque es lo suficientemente grande para luchar contra los animales salvajes cuando cuida a las ovejas de su padre.

Pero, ¿acaso un hombre joven con sólo experiencia de pastor, realmente podría tener la responsabilidad de un reino?

¿Qué hay del ejército que un rey debe dirigir? ¿Qué hay de las decisiones que debe tomar?

Es verdad que últimamente el Rey Saúl está actuando un poco extraño y probablemente necesita ser remplazado, ¿pero acaso Dios ha escogido realmente, a un joven entre los jóvenes de nuestro pueblo para ser rey?

Nuestros pecados
ha alejado de
nosotros,
como ha alejado
del oriente
el occidente.

Salmo 103:11-12

Tan inmenso
es su amor
por los que
le honran
como inmenso
es el cielo
sobre la tierra.

Reproducible 7C

Permiso de fotocopiado otorgado para el uso de la iglesia local. © 2008 Abingdon Press.

ZONA BÍBLICA®

Escoja una o más actividades para sumergir a sus estudiantes en la historia bíblica.

Crea una tarjeta de Salmo

Reparta el **Reproducible 7C**, y los marcadores.

Diga: El Libro de los Salmos en el Antiguo Testamento era como nuestro himnario hoy día. Hay 150 salmos, y se cree que David escribió muchos de ellos. Este es parte de un salmo de alabanza. Imaginen cómo David pudo haber creado estos versos mientras cuidaba a las ovejas de su padre.

Sus estudiantes usarán el reproducible para crear tarjetas de Salmos doblando por el medio la hoja y decorando el exterior de su tarjeta. Primero, lean esta parte del salmo juntos, y luego sugiera que usen los versos para decidir cómo decorar su tarjeta.

Anime a sus estudiantes para que lleven sus tarjetas a la casa y las coloquen en sus cuartos para ayudarles a recordar que Dios nos cuida a todos y cada uno de nosotros.

Nota: Si usa papel de construcción o papel grueso para hacer fotocopias del reproducible, la tarjeta se sostendrá mejor.

Materiales:
Reproducible 7C
marcadores
opcional: papel de construcción o papel grueso

Accesorios de Zona®:
ninguno

Aprende un cántico

Reparta el **Reproducible 7E,** "Aplaudid" y léanlo completo, señalando dónde van a palmear. Después aprendan el cántico **(disco compacto, pista 11).** Diga a sus estudiantes que lo usarán como señal para reunirse durante las próximas semanas.

Cuando comience el cántico, todos cantarán e irán a la mesa de celebración para su tiempo de alabanza y oración.

Materiales:
reproducible 7E
tocadiscos de discos compactos

Accesorios de Zona®:
diso compacto

PRIMARIOS MAYORES: LECCIÓN 7

de vida®

Escoja una o más actividades para que la Biblia cobre significado en la vida diaria.

Materiales:
cronómetro o reloj con segundero
cinta adhesiva para paquetes

Accesorios de Zona®:
ninguno

¡No lo creo!

Marque una línea de salida y de llegada con cinta adhesiva para paquetes en lados opuestos del salón. Pida a sus estudiantes que recuerden ocasiones en que les han dicho sobre nombres que les han herido, o cuando se los han dicho a otras personas. Repase algunos comentarios hirientes que se usan para humillar a otras personas, hacerles sentir mal, o hacerles enojar. No permita que las respuestas sean una oportunidad para que sus estudiantes se insulten unos a otros.

Diga: Vamos a jugar un jueguito similar a "Mamá, ¿puedo?" pero al revés. Voy a elegir a alguien para que sea el primero y se coloque al final de la línea. El resto de ustedes se colocarán detrás de la línea de salida. El primero dirá a uno de ustedes que no pueden avanzar un cierto número de pasos por alguna razón tonta (eres muy alto, o muy bajita, eres una niña o un niño, estás usando un color que no le gusta al que dirige, te estás sonriendo o frunciendo el seño). Cuando el que dirige les llame y les diga cuántos pasos no pueden avanzar, ustedes contestarán "¡No lo creo!" Todos repetirán en voz alta el lema de Zona: "Dios nos ama tal cual somos", mientras dan ese número de pasos hacia adelante. El que dirige continuará y dirá el nombre de otro de ustedes.

Use un cronómetro, y cada treinta segundos haga que el que dirige cambie de lugar con alguien más en el grupo. Continúe cambiando de personas que dirijan hasta que todos hayan arribado a la línea de llegada. Conforme el juego vaya llegando a su fin, anime a sus estudiantes para que cada vez repitan más fuerte el lema.

Diga: Muchos años después de David, un profeta llamado Isaías dijo algo sobre como deben responder a la manera en que la gente habla sobre ustedes. Dijo: "Escúchenme, ustedes que saben lo que es justo, pueblo que toma en serio mi enseñanza. No teman las injurias de los hombres, no se dejen deprimir por sus insultos" (Isaías 51:7).

Materiales:
Reproducible 7D y 7E página 172
mesa de celebración
fotografía o figura de una oveja
tocadiscos de discos compactos
vela
cerillos o encendedor

Accesorios de Zona®:
disco compacto

Alabanza y oración

Use el cántico "Aplaudid" **(Reproducible 7E; disco compacto, pista 11), para invitar** a la clase a la mesa de celebración.

Encienda la vela y pídales que observen el color del retazo de tela sobre la mesa que es el apropiado para la estación y la figura o fotografía de la oveja. Canten juntos "El Señor es mi pastor" **(Reproducible 7D; disco compacto, pista 10).**

Pida a el o la estudiante que usted asignó con anterioridad, que cierre con la oración para la Lección 7 (página 172): "Amado Dios, sabemos que nos amas tal cual somos. Ayúdanos a recordarlo cuando alguien nos trate mal. Amén".

Haga una copia de Zona Casera® para cada estudiante en su clase.

Casera® para estudiantes

REDUCTOR DE CONFIANZA

Pide a una persona adulta que te ayude con este proyecto. Pre-calienta el horno a 275 grados F.

1. Con un marcador permanente, dibuja un círculo grande en una tapa de plástico grande. Recorta el círculo y traza la orilla con el marcador permanente.
2. Con un marcador, escribe en el círculo "Dios me ama" y decóralo.
3. Usa un perforador de papel para hacer dos orificios en la parte superior del círculo uno sobre el otro para hacer un orificio grande.
4. Puedes hacer varios de estos círculos para compartir.
5. Cubre una bandeja de hornear galletas con papel aluminio y coloque los círculos sobre el aluminio.
6. Coloca la bandeja para galletas con los círculos en el horno. Si los círculos comienzan a enroscarse, extiéndelos con una espátula o palo, o reduzca un poco la temperatura del horno.
7. Cuando el plástico se haya encogido y esté plano, remueve la bandeja para galletas del horno. Presiona el círculo con la espátula.
8. Pasa un pedazo de hilo de tejer por el orificio para colgar el reductor.

Zona para pensar

Si Dios me ama tal cual soy, ¿significa eso que no necesito tratar de ser mejor? ¿Qué puedo hacer para ayudar a otras personas a saber que Dios les ama tal y cuales son?

Tasajo de pastor

Necesitarás ½ taza de salsa soya, ½ taza de salsa inglesa, 2 cucharadas de salsa de tomate dulce (catsup), y ½ cucharadita de pimienta (más o menos según el gusto).

Mezcla los ingredientes. Añade una libra de rosbif, o carne de res, cortado en tiras y marínalo por una hora o durante toda la noche.

Drena el rosbif con toallas de papel. Extiéndelo sobre una bandeja para galletas y hornéalo a una temperatura de 150 a 170 grados F de 10 a 12 horas.

Versículo para memorizar

El hombre se fija en las apariencias, pero yo me fijo en el corazón.

1 Samuel 16:7

Dios nos ama tal cual somos.

PRIMARIOS MAYORES: LECCIÓN 7

Cántico de ZONA ♫

El Señor mi pastor es

El Señor mi pastor es,
camina conmigo.

El siempre me ama,
va conmigo siempre.

Siempre, siempre, va conmigo siempre.
Siempre, siempre, va conmigo siempre.

LETRA: Salmo 23; trad. por Marta L. Sanfiel
MÚSICA: Tradicional
Trad. © 1996 Cokesbury, admin. por The Copyright Company, Nashville, TN 37212

Cántico de

Aplaudid

¡Aplaudid! ¡Aplaudid! Cántale y alaba en gozo.
¡Aplaudid! ¡Aplaudid! Cántale y alaba en gozo.
¡Aplaudid! ¡Aplaudid!

¡Bueno es Dios!
¡Le damos gloria!
¡Bueno es Dios!
¡Le damos gloria!

LETRA: Handt Hanson y Paul Murakami; trad. Julito Vargas
MÚSICA: Handt Hanson y Paul Murakami
© 1991; trad. © 2008 Changing Church Forum

David el músico

Entra a la Zona

Versículo bíblico
Alaben a Dios con trompetas, arpas y salterios.
Salmo 150:3

Historia bíblica
1 Samuel 16:14-23

Cuando consideramos la vida de David, reconocemos que su experiencia con Saúl fue ejemplo de cómo Dios dispone toda las cosas para bien de quienes lo aman (Romanos 8:28). Como compañía constante de Saúl, y bajo el servicio del rey, David aprendió mucho sobre cómo dirigir un ejército y gobernar un pueblo, especialmente al observar los aciertos y fracasos de Saúl. Cuando le llegó el momento, David estaba preparado para enfrentarse a Saúl y sus aliados y para luego asumir las responsabilidades de gobierno a la muerte de Saúl.

Antes de estar al servicio de Saúl, David había aprendido cómo expresar a Dios sus gozos y ventilar sus frustraciones por medio de la música. Sin duda la música se había convertido en un medio a través del cual David podía calmar su propia alma. Aunque los Salmos están llenos con palabras de confusión, enojo y frustración hacia Dios, cada salmo termina con una nota positiva alabando a Dios incluso en los peores momentos. Durante los largos días y más largas noches en los campos con los rebaños de su padre, David había aprendido a expresar y lidiar con sus sentimientos por medio de la música. Aunque hubo momentos en su vida, cuando se dejo atrapar por sus pasiones, David pudo reconocer sus faltas y arrepentirse.

De acuerdo con la Escritura, los espíritus malignos que asaltaban a Saúl, venían de Dios. Recordemos que estas narrativas fueron recopiladas años más tarde, es decir, después de que el pueblo de Israel había reconocido que el tener un rey no los había llevado en la dirección que querían, y después de haber sufrido las consecuencias de los líderes que no tomaban en consideración la voluntad de Dios ni el bienestar del pueblo. Cuando evaluando las acciones de Saúl como rey, comprendemos que sus fallas fueron expuestas por Dios.

Desde temprano en su vida David luchó con espíritus malignos, batallando con Dios desde el principio, casi como su antepasado Jacob. En compañía de las ovejas o de Saúl, David aprendió que la música tiene el poder suficiente para luchar con un gran rango de emociones humanas.

Dios quiere que lidiemos con nuestros sentimientos en formas positivas.

Vistazo a la

ZONA	TIEMPO	MATERIALES	ACCESORIOS DE ZONA
Acércate a la zona			
Entra a la Zona	5 minutos	página 170, cinta adhesiva, tocadiscos de discos compactos	disco compacto
Mesa de celebración	5 minutos	Reproducible 8D, mesa pequeña, mantel blanco, tela de colores, vela, Biblia, instrumento musical	ninguno
Zona Bíblica®			
Explora los Salmos	5 minutos	página 173, Biblias, tijeras	corona de terciopelo
Disfruta la historia	10 minutos	Reproducible 8A–8B	ninguno
Un juego de sentimientos	5 minutos	Reproducible 8C, dijes para marcar lugares, dados	ninguno
Planea una misión	5 minutos	información sobre alguna misión, marcadores, cartel	corona de terciopelo
Zona de Vida			
Alabanza y oración	10 minutos	Reproducibles 7E, 8D y 8E; hoja grande de papel con el versículo escrito; tocadiscos de discos compactos, mesa de celebración, Biblia, pizarra, pizarra blanca o hoja grande de papel, marcador o tiza, instrumento musical	disco compacto

Los Accesorios de Zona® se encuentran en el **Paquete de DIVERinspiración®**.

PRIMARIOS MAYORES: LECCIÓN 8

Acércate a la Zona

Escoja una o más actividades para capturar el interés de sus estudiantes.

Materiales:
tocadiscos de discos compactos
pagina 170
cinta adhesiva

Accesorios de Zona®:
disco compacto

Entra a la Zona

Tenga tocando música del **disco compacto (pistas 9-14)** mientras sus estudiantes llegan. Salúdeles con una sonrisa.

Diga: ¡Bienvenidos a la Zona Bíblica! Estoy feliz de que estén aquí. ¡Este es un lugar divertido donde conoceremos la Biblia!

Si sus estudiantes no se conocen, pida que se pongan la etiqueta con su nombre (pág. 170).

Materiales:
Reproducible 8D
mesa pequeña
mantel blanco
tela de colores
vela
Biblia
instrumento musical

Accesorios de Zona®:
ninguno

Mesa de celebración

Pida a un o a una estudiante que haya llegado temprano, que le ayude a preparar la mesa de celebración. Prepare la mesa con una vela, una Biblia y un retazo de tela del color que corresponda a la estación del año cristiano de acuerdo con las instrucciones de la página 12.

Para esta sesión coloque un instrumento musical al lado de la vela.

Pida a varios estudiantes que se preparen para leer a voces en la oración final **(Reproducible 8D)** durante el tiempo de alabanza y oración. Entrégueles fotocopias de este reproducible.

Escoja una o más actividades para sumergir a sus estudiantes en la historia bíblica.

Explora los salmos

Antes de la clase haga fotocopias y recorte las referencias bíblicas (página 173).

Reparta las Biblias y pida a sus estudiantes que las abran por el centro en el libro de los Salmos (algunas Biblias tienen materiales adicionales al principio o final, o entre los dos Testamentos, lo que hace que los Salmos no estén en el centro).

Diga: Algunos Salmos fueron escritos para ocasiones especiales y usados en el culto a Dios. Estos eran como cánticos de alabanza. Otros eran personales y revelan los sentimientos del autor. En muchos de ellos el autor le hace reclamos a Dios, pero al final siempre le alaba. Se cree que David escribió muchos de los Salmos. Y encontraremos que algunos ellos lidian con sentimientos reales e intensos. En la historia de hoy, vemos que cuando David tocaba el arpa ayudaba a Saúl a sobreponerse a su depresión.

Como su tiempo lo permita, busquen y lean, de la lista que sigue, todo los Salmos que les sea posible. Permita a sus estudiantes que den un vistazo al pasaje asignado antes de leerlo, y luego que se pongan la **corona de terciopelo** y lean el pasaje con emoción. Después de que cada uno lo lea, discutan los sentimientos que se expresan en él. La lista de abajo cita algunos, pero no todos los sentimientos.

Salmo 22:1, 14-15 (deserción, abandono, vacío)
Salmo 31:9-14 (herida, dolor)
Salmo 35:25-28 (ser burlado, avergonzado)
Salmo 43:1-2 (ser maltratado, abusado)
Salmo 44:23-26 (desesperación)
Salmo 55:20-23 (traición)
Salmo 69:1-8 (ser odiado, rechazado, avergonzado)
Salmo 77:1-3 (inquietud, debilidad, ansiedad, inestabilidad)
Salmo 86:1-7 (impotencia)
Salmo 137:7-9 (enojo, ira, venganza)
Salmo 142:1-7 (atrapado)
Salmo 143:1-8 (desesperanza)

Disfruta la historia

Diga: David escribió muchos salmos que se convirtieron en cánticos para el culto de su tiempo. Vamos a leer la historia, usando una parte de un Salmo en algunos puntos de la historia.

Reparta los Reproducibles 8A-8B. Lea usted la historia, o asigne voluntarios para leer las diferentes secciones. Pida a sus estudiantes que sigan la lectura para que sepan cuándo cantar el salmo.

Materiales:
página 173
Biblias
tijeras

Accesorios de Zona®:
corona de terciopelo

Materiales:
Reproducibles 8A–8B

Accesorios de Zona®:
ninguno

PRIMARIOS MAYORES: LECCIÓN 8

Historia de la  Bíblica

David toca música para el rey Saúl

Por Delia Halverson

Saúl tenía problemas. Como rey de Israel había peleado contra los moabitas, los amonitas, los edomitas, los reyes de Zoa, los filisteos, y los amalecitas, y a todos los había derrotado.

Pero ahora sus problemas eran consigo mismo. Estaba muy turbado, como si un espíritu maligno le atormentara.

David el pastor se había convertido en un valeroso guerrero, pero también era un músico talentoso componía sus propias canciones y tocaba el arpa.

Con frecuencia David tocaba su arpa mientras alababa a Dios.

(*Canten el siguiente responso con la melodía de "Porque es un gran compañero"*).

Oh, sí, le alabaré, oh, sí, le alabaré,

Oh, sí, le alabaré,

Oh, alabaré al Señor,

Oh, alabaré al Señor,

Oh, alabaré al Señor,

Oh, sí, le alabaré,

Oh, alabaré a mi Dios.

Los oficiales de Saúl estaban preocupados por su rey y sus negro estados de ánimo.

"Su majestad, este espíritu maligno que le atormenta viene de Dios", le decían los oficiales. "Encontremos a alguien que toque bien el arpa. Puede tocar para usted siempre que el espíritu maligno lo perturbe, y así usted se sentirá mejor"

(*Cante el siguiente responso con la melodía de "Porque es un gran compañero"*).

Oh, sí, le alabaré, oh, sí, le alabaré,

Oh, sí, le alabaré,

Oh, alabaré al Señor,

Oh, alabaré al Señor,

Oh, alabaré al Señor, mi Dios.

Oh, sí, le alabaré,

Oh, alabaré a mi Dios.

El rey Saúl estuvo de acuerdo. "Isaí vive en Belén y tiene un hijo llamado David quien toca muy bien el arpa', dijo uno de los oficiales. "También es un guerrero valiente, es bien parecido y se expresa bien. Dicen que Dios está con él".

Así que Saúl le envió un mensaje a Isaí, procurando que David dejara las ovejas y viniera a estar a su servicio.

Oh, sí, le alabaré, oh, sí, le alabaré,

Oh, sí, le alabaré,

Reproducible 8A

Permiso de fotocopiado otorgado para el uso de la iglesia local. © 2008 Abingdon Press.

Oh, alabaré al Señor,

Oh, alabaré al Señor,

Oh, alabaré al Señor,

Oh, sí, le alabaré,

Oh, alabaré a mi Dios.

Isaí cargó un burro con regalos de pan y vino para el rey. También envió un cabrito joven.

David tomó los regalos y se fue, iba a estar al servicio de Saúl. Su función principal era tocar el arpa para que Saúl sintiera alivio cuando el espíritu maligno lo molestaba.

(*Canten el siguiente respuso con la melodía de "Porque es un gran compañero"*).

Oh, sí, le alabaré, oh, sí, le alabaré,
Oh, sí, le alabaré,

Oh, alabaré al Señor,

Oh, alabaré al Señor,

Oh, alabaré al Señor.

Oh, sí, le alabaré,

Oh, alabaré a mi Dios.

A Saúl le agradaba tanto David que lo nombró su ayudante. Saúl envió un mensaje a Isaí diciendo que quería que David permaneciera a su servicio.

(*Canten el siguiente respuso con la melodía de "Porque es un gran compañero"*).

Oh, sí, le alabaré, oh, sí, le alabaré,

Oh, sí, le alabaré,

Oh, alabaré al Señor,

Oh, alabaré al Señor,

Oh, alabaré al Señor, mi Dios

Oh, sí, le alabaré,

Oh, alabaré a mi Dios.

David tocaba su arpa cada vez que el espíritu maligno perturbaba a Saúl para que se calmar su estado de animo. De esta manera se podía concentrar mejor en las batallas y el campo de batalla más que en las luchas que se libraban en su interior.

(*Canten el siguiente respuso con la melodía de "Porque es un gran compañero"*).

Oh, sí, le alabaré, oh, sí, le alabaré,

Oh, sí, le alabaré,

Oh, alabaré al Señor,

Oh, alabaré al Señor,

Oh, alabaré al Señor, mi Dios

Oh, sí, le alabaré,

Oh, alabaré a mi Dios.

El juego de los sentimientos

Ponga sus marcadores al lado del bloque marcado "Comienzo". Tire un dado para determinar cuántos espacios se va a mover hacia delante. Cuando caiga en un bloque con instrucciones, siga las instrucciones. ¿Quién será el primero o la primera en terminar?

Salida: Los sentimientos no son ni buenos ni malos.

Cuando las cosas van bien, tenemos sentimientos de felicidad. Avanza 1 espacio.

Alguien hizo un comentario hiriente sobre ti, y te has enojado. Regresa 2 espacios.

Tu mejor amigo o amiga se volvió en tu contra, y estás furioso/a. Regresa 4 espacios.

Perdonaste a la persona y estás en paz. Avanza 2 espacios.

Estás feliz porque la persona se disculpó. Avanza 1 espacio.

Te das cuenta de que tienes más amigos y amigas, y estás feliz. Avanza 2 espacios.

Alguien esparció un rumor sobre ti que no es verdad, y te sientes herido/a. Regresa 2 espacios.

Meta: Dios quiere que lidiemos de maneras positivas con nuestros sentimientos.

Probaste que el rumor no era verdad, y te sientes confiado/a. Avanza 1 espacio.

Reproducible 8C

Permiso de fotocopiado otorgado para el uso de la iglesia local. © 2008 Abingdon Press.

ZONA BÍBLICA®

Escoja una o más actividades para sumergir a sus estudiantes en la historia bíblica.

Un juego de sentimientos

Divida a la clase en grupos de tres o cuatro para que jueguen el juego.

Reparta el **Reproducible 8C** y lea las instrucciones con los estudiantes. Pídales que lean cada espacio cuando lo rebasen, ya sea que se detengan en el o no.

Materiales:
Reproducible 8C
objetos para ser usados como marcadores
dado

Accesorios de Zona®:
ninguno

Planea una misión

Diga: Algunas veces nuestros sentimientos provocan que reaccionemos de maneras que no son buenas. La música de David ayudaba a Saúl a convertir sus sentimiento en acciones positivas. Otra manera de convertir nuestros sentimientos en acciones positivas es involucrarnos en ayudar a otras personas. Por lo general a esto lo llamamos una misión. ¿Qué planes podemos hacer para ayudar a otras personas?

Dirija a la clase en una discusión y decisión sobre un proyecto de misión. (Pase la **corona de terciopelo** a cualquier estudiante que desee participar en la discusión). Tal vez esto pueda incluir un proyecto de manos-a-la-obra o recolectar dinero para donarlo a una misión. Confirme con su pastor o el personal de la iglesia encargado de las misiones, para identificar las diferentes posibilidades, y tenga información disponible para añadir o ampliar las sugerencias de sus estudiantes.

Luego que tomen la decisión, déles la oportunidad de hacer carteles para informar a la congregación sobre su misión y para invitar a otras personas a participar y apoyar la misión.

Materiales:
información de misiones
cartel
marcadores

Accesorios de Zona®:
corona de terciopelo

PRIMARIOS MAYORES: LECCIÓN 8

 de vida

Escoja una o más actividades para que la Biblia cobre significado en la vida diaria.

Materiales:
Reproducible 7E, 8D, y 8E
Biblia
tocadiscos de discos compactos
hoja grande papel con el versículo escrito
mesa de celebración
instrumento musical
pizarra, pizarra blanca, u hoja de papel grande
tiza o marcador
vela
cerillos o encendedor

Accesorios de Zona®:
disco compacto

Alabanza y oración

Usando el cántico "Aplaudid" **(Reproducible 7E; disco compacto, pista 11),** llame a la clase a la mesa de celebración para el tiempo de alabanza y oración.

Encienda la vela e invite a la clase a que se fijen en el color del retazo de tela, que es el color apropiado para la estación y en el instrumento musical.

Pregunte: ¿Por qué creen que tenemos un instrumento musical en nuestra mesa de celebración?

Antes de comenzar la clase, escriba el versículo bíblico en una hoja grande de papel o en la pizarra o la pizarra blanca. Lean juntos el versículo: "Alaben a Dios con trompetas, arpas y salterios". Salmo 150:3.

Reparta el **Reproducible 8E.** Pregunte si alguien sabe quién era Abraham, y hace cuánto tiempo vivió (casi cuatro mil años atrás).

Lea el versículo bíblico y recuerden las ocasiones en que sus estudiantes se han sentado bajo las estrellas en la noche, las mismas bajo las cuales se sentaron Abraham y David. Canten el cántico juntos **(disco compacto, pista 1).**

Reparta el **Reproducible 8D** y pida a el o a la estudiante, a quien usted le asignó con anticipación, que dirija al grupo en la oración para terminar la sesión.

Haga una copia de Zona Casera® para cada estudiante en su clase.

 # Casera para estudiantes

CUPONES DE AMOR EN ACCIÓN

Piensa en algunas acciones que puedas realizar por tus amigos y miembros de tu familia con las que puedas demostrar tu amor por ellos y tu amor por Dios. Haz cupones semejantes a los que se muestran aquí y dalos a esas personas.

AMOR EN ACCIÓN

Yo _____ pondré mi amor en acción por ti haciendo
_____
_____

Firma: _____
Fecha: _____
_____
_____

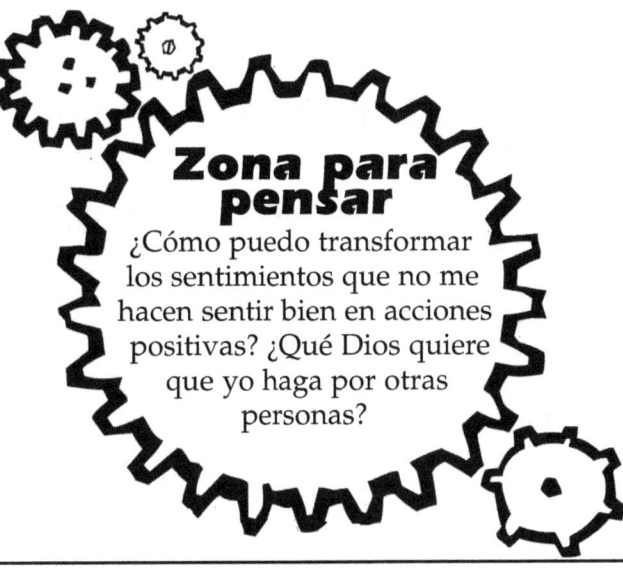

Zona para pensar

¿Cómo puedo transformar los sentimientos que no me hacen sentir bien en acciones positivas? ¿Qué Dios quiere que yo haga por otras personas?

Paletas frescas y cariñosas

1. Coloca ocho vasos de papel de cinco onzas.
2. Divide una taza de yogurt de fresa en los vasos.
3. Cubre cada vaso con papel de aluminio, y asegúrese de presionar firmemente por las orillas.
4. Inserta un palito a través de cada papel aluminio, y hasta en medio del yogurt.
5. Coloca los vasos en el congelador más o menos por 40 minutos, hasta que el yogurt comience a congelarse.
6. Remueve los vasos del congelador y cuidadosamente remueva el papel aluminio sin mover los palitos.
7. Vierte una taza de jugo de naranja en cada uno de los ocho vasos.
8. Cubre otra vez y colócalos en el congelador. Mantenlos allí hasta que se estén firmemente congelados (más o menos 40 minutos).
9. Retira los vasos del congelador y vierte una taza de jugo de frambuesa en igual cantidad entre los ocho vasos.
10. Congélalos durante toda la noche, o por lo menos por cuatro horas hasta que estén completamente sólidos.

Para servirlos, quítales el papel de aluminio. Comparte tus paletas frescas cariñosas con alguien a quien quieras.

Versículo para memorizar

Alaben a Dios con trompetas, arpas y salterios. Salmo 150:3

 **Dios quiere que lidiemos con nuestros sentimientos en formas positivas.**

Permiso de fotocopiado otorgado para el uso de la iglesia local. © 2008 Abingdon Press.

PRIMARIOS MAYORES: LECCIÓN 8

ORACIÓN DE LA ACCIÓN POSITIVA

Grupo: Señor haznos instrumentos de tu paz.

1ª voz: Donde haya odio,

Grupo: Que podamos dar amor;

2ª voz: Donde haya injuria,

Grupo: Que podamos traer perdón;

3ª voz: Donde haya duda,

Grupo: Que podamos traer fe;

4ª voz: Donde haya desesperación,

Grupo: Que podamos traer esperanza;

5ª voz: Donde haya oscuridad,

Grupo: Que podamos traer luz.

6ª voz: Donde haya tristeza,

Grupo: Vamos a esparcir el gozo;

Líder: Al seguir estos caminos, seguimos a Cristo. Al seguir a Cristo, hacemos que se acerque el tiempo cuando todo el mundo podrá decir:

Grupo: Vivimos juntos en armonía, ¡como Dios desea que vivamos! Amén.

Adaptado "Señor hazme un instrumento", atribuida a San Francisco de Asís (1181–1226).

Cántico de

Estos astros

Esos astros también son los que vio Abraham.
Al levantar su rostro a Dios
millones astros observó.
De alegría se llenó Abraham.

Me inspiran en mi fe, David también los vio.
Sus dudas supo disipar.
Acerca del amor de Dios
en los salmos que David escribió.

Brillaron allá en Belén dando luz eternal.
Sirvieron de promesa fiel.
Y al ver esto María y José
supieron que era digno esperar.

Estos astros también son los mismos hoy y ayer.
Siguen cantando del amor
que anuncia el reino de Dios.
Testigos fieles seguirán los mismos astros.

LETRA: Richard K. Avery y Donald S. Marsh; trad. por Julito Vargas
MÚSICA: Richard K. Avery y Donald S. Marsh
© 1979; trad. © 2008 Hope Publishing Co., Carol Stream, IL 60188
Todos los derechos reservados. Usado con permiso. Para permiso para reproducir este himno, ponerse en contacto con Hope Publishing Co. llamando al 1-800-323-1049 o www.hopepublishing.com

David y Goliat

Entra a la Zona

Versículo bíblico
Confío en Dios y no tengo miedo.
Salmo 56:4b

Historia bíblica
1 Samuel 17

Cuando consideramos la estatura de los jugadores de básquetbol profesional, la estatura de Goliat de nueve pies (dependiendo del manuscrito original que se haya usado en la traducción de la Biblia que esté usando) hace que su encuentro con David sea increíble. Sin embargo, en Palestina se han encontrado esqueletos de altura excepcional. De forma interesante, Goliat reaparece en 2 Samuel 21:19, pero aquí el gigante encuentra la muerte frente a Elhanán, otro habitante de Belén, quien en 1 Crónicas 20:5 se registra como quien mató al hermano de Goliat. Ya haya sido David o Elhanán, Goliat o su hermano, aquí tenemos una historia de valor, que nos recuerda que Dios puede ayudarnos en situaciones difíciles.

Del relato de 1 Samuel 17 aprendemos que David:

Se encontraba en buena condición física y era muy ágil.
Era astuto.
Confió en que Dios usaría el conocimiento y habilidades que había adquirido durante sus años como pastor.
Dependió de la ayuda de Dios para buscar maneras nuevas y diferentes para lidiar con los problemas.
Estuvo dispuesto a arriesgar su vida para probar que Dios era el verdadero Dios.

Todas estas características le ayudarían en su papel de rey en el futuro.

¿Por qué David tuvo que ser presentado al rey cuyas armas él cargaba y a quien había ayudado a apaciguar su espíritu? ¿Era un síntoma de ese "espíritu maligno" (1 Samuel 16:14-23) que atormentaba a Saúl, o son solamente historias copiladas en otro orden? Si fue lo primero, entonces David, sabiamente, se refrenó de señalar la falta de memoria de Saúl, otro rasgo positivo de su carácter.

Sus estudiantes de cuarto, quinto y sexto grado apreciarán la historia de un héroe que superó una situación difícil. Para no hacer énfasis en la violencia como solución a los problemas, ayude a sus estudiantes a reconocer las características positivas de David y el hecho de que confió en Dios para que le dirigiera en el uso de los talentos que poseía.

Con la ayuda de Dios podemos enfrentar grandes problemas.

Vistazo a la

ZONA	TIEMPO	MATERIALES	ACCESORIOS DE ZONA®
Acércate a la zona			
Entra a la Zona	5 minutos	página 170, cinta adhesiva, tocadiscos de discos compactos	disco compacto
Mesa de celebración	5 minutos	página 172, mesa pequeña, mantel blanco, cinco piedras lisas de río, vela, Biblia	ninguno
La rueda de la fortuna de David	5 minutos	Reproducible 9C, tijeras, agujillas para papel, perforadora de papel	ninguno
Zona Bíblica®			
Mapa y tiempos de la Biblia	5 minutos	Transparencia 1, proyector, Biblia	corona de terciopelo, martillo inflable
Disfruta la historia	10 minutos	Reproducible 9A–9B	tubos de agua celestial, pizarra de director
Rompecabezas de palillos	5 minutos	palillos (mondadientes) 15 por estudiante	ninguno
Haz una caja	10 minutos	Reproducible 9D, página 173, lápices, tijeras, cartón o papel grueso	ninguno
Zona de Vida			
Notas de afirmación	5 minutos	mitades de hojas de papel, lápices, pañuelo	mini palillos para ropa
Alabanza y oración	10 minutos	Reproducibles 7E, 9E; página 172, mesa de celebración, tocadiscos de discos compactos, cinco piedras redondas de río, velas, cerillos o encendedor	disco compacto

◎ * Los Accesorios de Zona® se encuentran en el **Paquete de DIVERinspiración®**.

PRIMARIOS MAYORES: LECCIÓN 9

Acércate a la Zona

Escoja una o más actividades para capturar el interés de sus estudiantes.

Materiales:
tocadiscos de discos compactos
página 170
cinta adhesiva

Accesorios de Zona®:
disco compacto

Entra a la Zona

Tenga tocando música del **disco compacto (pistas 9-14)** mientras sus estudiantes llegan. Salude a cada estudiante con una feliz sonrisa.

Diga: ¡Bienvenidos a la Zona Bíblica! Estoy feliz de que estén aquí. ¡Este es un lugar divertido donde conoceremos la Biblia!

Si sus estudiantes no se conocen, pida que se pongan las etiquetas con su nombre (pág. 170).

Materiales:
página 172
mesa pequeña
mantel blanco
tela de colores
vela
Biblia
cinco piedras lisas de río

Accesorios de Zona®:
ninguno

Mesa de celebración

Pida a un o a una estudiante que haya llegado temprano que le ayude a preparar la mesa de celebración. Prepare la mesa con una vela, una Biblia y un retazo de tela del color que corresponda a la estación del año cristiano de acuerdo con las instrucciones de la página 12.

Para esta sesión coloque las cinco piedras lisas de río al lado de la vela.

Pida a un o a una estudiante que se prepare para hacer la oración final en la sección de alabanza y oración. Entréguele una copia de la oración de la lección 9 (pág. 172).

Materiales:
Reproducible 9C
tijeras
agujillas para papel
perforadora para papel

Accesorios de Zona®:
ninguno

La rueda de la fortuna de David

Reparta el **Reproducible 9C**, tijeras, una perforadora para papel, y agujillas para papel.

Diga: Nuestra historia de hoy trata sobre un joven que usó varias maneras para permitir que Dios lo ayudara. Cuando recorten la rueda de la fortuna y la armen con una agujilla para papel, podrán encontrar algunas maneras en las que David buscó la ayuda de Dios.

Escoja una o más actividades para sumergir a sus estudiantes en la historia bíblica.

Mapa y tiempos de la Biblia

Proyecte la **Transparencia 1** sobre la pared y localicen las diferentes ciudades.

Pregunte: ¿Qué me pueden decir sobre alguna de estas ciudades que ven en el mapa?

Pase la corona de terciopelo a cualquier estudiante que quiera tener un turno para responder.

Reparta las Biblias y pida que busquen 1 Samuel 17. Una vez que hayan encontrado el pasaje, pida que trabajen por parejas.

Diga: Cuando conozcan la respuesta a las siguientes preguntas, uno de ustedes debe correr al centro del aula y golpear el piso con el **martillo inflable**.

¿Dónde acampaban los filisteos? (Efes-damim, entre Soco y Azeca)

¿Qué pueblo estaban por atacar los filisteos? (Soco).

¿Dónde vivía David y su familia? (Belén).

¿De dónde era Goliat? (Gat).

¿Qué altura tenía Goliat? (más de nueve pies).

¿Cuánto pesaba la coraza de Goliat? (125 libras).

Materiales:
Transparencia 1
proyector
Biblias

Accesorios de Zona®:
corona de terciopelo
martillo inflable

Disfruta la historia

Reparta los **Reproducibles 9A-9B,** y asigne las partes. Invite a quienes van a leer que pasen al frente. Puesto que la historia está redactada en forma de noticiero, use los **tubos de agua celestial** como si fueran micrófonos para los reporteros y para quienes van a leer las otras partes. Use la **pizarra de director** para indicar los cambios de escena.

Pregunte: ¿Qué parte de su experiencia como pastor, ayudó a David a enfrentar a Goliat? ¿Qué táctica inesperada usó David?

Materiales:
Reproducible 9A-9B

Accesorios de Zona®:
tubos de agua celestial
pizarra de director

PRIMARIOS MAYORES: LECCIÓN 9

Historia de la  Bíblica

Estación D-A-V-I-D

(*basada en 1 Samuel 17*)

Por Delia Halverson

Personajes: reportero, soldado 1, soldado 2, Isaí, David, soldado 3, Saúl.

Primera Escena

Reportero: Estamos llegando a ustedes desde el campamento israelita, nos encontramos sobre una colina donde se ve Soco, controlado por el ejército de los filisteos, y el valle de Elá donde acampaba y se reunía el ejército de Saúl. La batalla ha sido cruenta y las pérdidas han sido bastante. En este momento todo está tranquilo. Voy a hablar con este soldado. Oficial, ¿nos puede decir por qué se ha detenido la batalla?

Soldado 1: ¿Ve a ese hombre alto al pie de la colina? ¿El muy alto?

Reportero: ¡De cierto que no puede pasar por desapercibido!

Soldado 1: Ese es Goliat. Se dice que mide como nueve pies y sólo su coraza pesa más de 125 libras.

Reportero: ¡Que tremenda espada lleva! ¡Y mira el tamaño de esa lanza!

Soldado 2: Se dice que la punta de la lanza pesa más de quince libras. ¿Puede imaginarla atravesando tu pecho?

Reportero: ¡Ni siquiera me puedo imaginar levantándola! ¿Quién está parado enfrente de él?

Soldado 2: Ese es el ayudante que siempre va delante de él cargando su escudo.

Reportero: Es realmente impresionante.

Soldado 1: Esta mañana Goliat comenzó a gritarnos "¿Para qué han salido en orden de combate? Yo soy el mejor soldado en mi ejército. ¡Elijan a su mejor soldado para que pelee conmigo! Si me puede matar, nuestro pueblo será su esclavo. Pero si yo lo mato, su pueblos será nuestro esclavo. ¡En este día lanzo este desafío a todo el ejército de Israel! ¡Elijan a alguien para que luche conmigo!

Reportero: ¿Aceptará alguien ese desafío?
Soldado 2: ¡Ni locos! ¡No somos tan tontos!

Segunda Escena

Reportero: Hace cuarenta días comenzamos nuestro reportaje del conflicto Israelita/Filisteo. La situación no ha cambiado. Todas las mañanas Goliat sale, insulta al ejército israelita, y lanza el mismo desafío. Y el ejército de Israel permanece en silencio. Hoy estamos en Belén, que es el hogar de tres hermanos que están en el ejército de Saúl: Eliab, Abinadab y Sama. Su padre Isaí, ha recibido un mensaje del frente. Vamos a hablar con Isaí y ver qué noticias ha recibido. Isaí, ¿están bien sus hijos? ¿Qué dicen sobre lo que está sucediendo en el frente de guerra?

Isaí: Nada. Hay un empate. Me han pedido que envíe más provisiones porque esto se está prolongando mucho. Perdón... ¡David! Necesito que lleves estas provisiones a tus hermanos.

David: Papá ¿Y qué hago con los rebaños?
Isaí: Yo puedo arreglar que otra persona los cuide. Aquí te pongo un costal con grano tostado y diez piezas de pan para que lleves a tus hermanos. Dale estos diez pedazos grandes de queso a su comandante. Averigua cómo están tus hermanos y tráeme algo que compruebe que están bien. Ellos están peleando contra los filisteos en el valle de Elá.

Reproducible 9A

Permiso de fotocopiado otorgado para el uso de la iglesia local. © 2008 Abingdon Press.

David: Sé donde están. Yo me encargo de hacerles llegar estas provisiones.

Reportero: ¿Crees que podríamos ir contigo David?

David: Sí, me gustaría la compañía.

Reportero: Un filisteo muy grande llamado Goliat ha hecho que todo se detenga. Todos están muy temerosos y no quieren pelear contra él.

David: No se puede luchar contra alguien de forma tradicional. Tienes que pedirle a Dios que te ayude a pensar en maneras nuevas y diferentes para luchar contra él, en una manera que él no espere.

Reportero: ¿Acaso los israelitas no pueden contar con la ayuda de Dios como antes?
David: Tal vez Dios ha planeado algo inesperado, algo muy diferente a una batalla.

Tercera Escena
Reportero: Estamos de vuelta en el campamento del valle de Elá, y no ha cambiado nada. Esta mañana los ejércitos se alinearon otra vez, y Goliat salió con su desafío usual. Los soldados israelitas, como siempre, corrieron todos temerosos. Ahora David está hablando con uno de los soldados. Escuchemos.

David: ¿Qué obtendrá el hombre que mate a este filisteo y que así deje de insultar a nuestro pueblo? ¡Se está burlando del ejército del Dios viviente!

Soldado 3: Además de la fama, sé que se podrá casar con la hija del rey y nunca tendrá que pagar impuestos.

Reportero: ¡Qué bien! Miren, un mensajero del rey ha llegado, y David le acompaña hasta la tienda del rey. Vamos a ver qué sucede.

David: Su majestad, los filisteos no deberían hacernos sentir temor. Yo saldré y pelearé contra Goliat.

Saúl: ¡Pero solamente eres un muchacho! Y Goliat ha sido un soldado toda su vida.

David: He aprendido algunas cosas. Cuando yo cuidaba a las ovejas de mi padre luché con leones y osos, cuando se llevaban una oveja se las quitaba del hocico. Y si se volvían y me atacaba, entonces los agarraba por la quijada y los golpeaba hasta matarlos. Confío en el Señor que me ha rescatado de las garras de leones y osos para que me ayude a saber lo que tengo que hacer.

Reportero: Saúl está tratando de darle su armadura a David, pero es tan pesada que David apenas se puede mover con ella. ¡Ha rechazado la armadura! Ahora está recogiendo su cayado y se dirige hacia el arroyo que está en el valle. Está colocando cinco piedras lisas del río en su bolsa de cuero. Ahora está preparando su honda ¡y se dirige hacia el gigante!

Goliat: ¿Acaso soy un perro? ¿Por eso vienes contra mi con un palo? ¡Vamos! ¡Cuando termine contigo voy a dar tu cuerpo como alimento para las aves y las fieras!

David: Tú vienes a mi con espada y lanza, pero yo vengo contra ti con la ayuda de Dios, y te voy a vencer y cortar la cabeza para probar que Dios es el Dios verdadero.

Reportero: David se muestra muy seguro. Está sacando una piedra de su bolsa de cuero y la pone en su honda. Ahora está haciendo girar su honda. Acaba de hacer el tiro y la piedra va volando por el aire. ¡Un tiro directo! ¡Goliat recibió la piedra exactamente en la frente! ¡Se tambalea! No, esperen. ¡Cayó al suelo! ¿Pueden creerlo? ¡Está muerto! ¡Goliat está muerto! ¡David mató al gigante sin siquiera utilizar una espada! ¡David estaba en lo cierto! Dios estaba con él. ¿Quién podría esperar que Goliat fuera vencido con una honda, con una piedra, y por un pastor! ¡El ejército filisteo huye! ¡Vaya manera de usar la cabeza David

La rueda de la fortuna de David

David enfrentaba un desafío. Él sabía que debía depender de Dios, porque era algo que no podía hacer solo. Lo que hizo determinó su futuro. Alinea la rueda de la fortuna de David poniendo la rueda más pequeña sobre la más grande. Coloca un sujetador para papel en el centro. Haz girar la rueda para ver cómo David utilizó las habilidades y dones que Dios le había dado para enfrentar el desafío.

Rueda grande (secciones):
- David usó las habilidades físicas que Dios le dio.
- David confió en Dios para usar el conocimiento y experiencia de su tiempo como pastor.
- David dependió de Dios para que le ayudara a pensar en maneras nuevas y diferentes de solucionar un problema.
- David estuvo dispuesto a arriesgar su vida para probar que Dios era el único y verdadero Dios.
- Cuando David habló con el rey, se prestó como voluntario para enfrentar a Goliat.

Rueda pequeña (secciones):
- FÍSICO
- EXPERIENCIA
- PENSAMIENTO
- VALOR
- CUIDADO

Reproducible 9C

Permiso de fotocopiado otorgado para el uso de la iglesia local. © 2008 Abingdon Press.

ZONA BÍBLICA®

Escoja una o más actividades para sumergir a sus estudiantes en la historia bíblica.

Rompecabezas de palillos

Entregue a cada estudiante quince palillos (mondadientes) y pida que los acomoden formando ocho recuadros, todos del mismo tamaño. Los palillos no se pueden partir ni estar sobrepuesto sobre otro, tampoco se debe formar un recuadro dentro de otro. Mientras trabajan en esto, dígales que deben "pensar fuera de la caja" o pensar de maneras diferentes e inusuales para resolver el problema.

Solución:

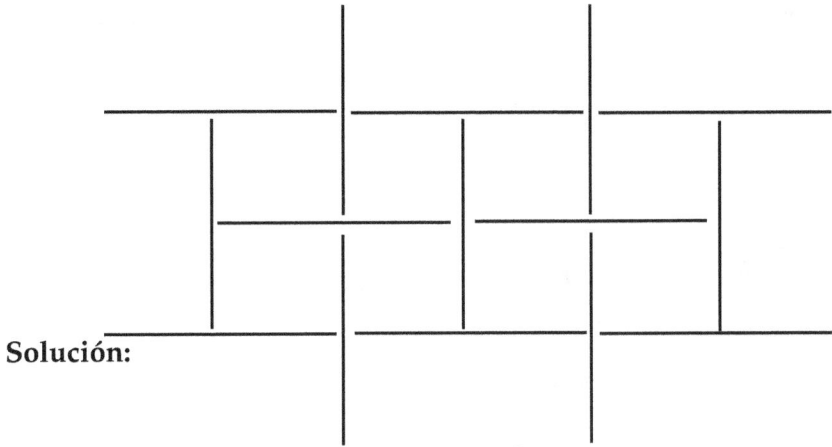

Materiales:
Palillos (mondadientes), 15 para cada estudiante

Accesorios de Zona®:
ninguno

Haz una caja

Antes de la clase, haga fotocopias de la página 173 en cartón o papel grueso. También haga fotocopias del **Reproducible 9D**. Prepare un modelo de la caja.

Diga: Hemos visto que David pensó "fuera de la caja" para encontrar una forma diferente de llevar a cabo la encomienda. Vamos a hacer cajas especiales que nos ayuden a recordar que debemos "pensar fuera de la caja".

Reparta copias de la página 173 y del **Reproducible 9D**. Asegúrese de que sus estudiantes entienden las instrucciones.

Materiales:
Reproducible 9D página 173
cartón o papel grueso
lápices
tijeras

Accesorios de Zona®:
ninguno

PRIMARIOS MAYORES: LECCIÓN 9

 de vida

Escoja una o más actividades para que la Biblia cobre significado en la vida diaria.

Materiales:
hojas de papel cortada por la mitad
lápices
pañuelo para vendar los ojos

Accesorios de Zona®:
mini-palillos de ropa

Notas de afirmación

Divida a la clase en dos equipos. Proporcione lápices a cada equipo y varias mitades de hojas de papel. Pida que trabajen juntos para escribir afirmaciones y características positivas sobre los miembros del equipo contrario en las mitades de las hojas de papel y después que les pongan **mini-palillos de ropa** a cada hoja. Vende los ojos de los miembros de un equipo, y haga que el otro equipo trabaje para sujetar los papeles a las personas para las cuales se escribieron las declaraciones. Después de que se hayan sujetado las afirmaciones a las personas correspondientes, haga que el equipo vendado le de las vendas a los miembros del otro equipo y se inviertan los papeles. Una vez que la segunda ronda de notas se hayan sujetado a los del otro equipo, remuevan las vendas y lean las notas.

Diga: Dios usó todas las buenas cualidades de David y sus experiencias de la vida para capacitarle para las responsabilidades que Dios le daría. Pensemos en cómo Dios puede usar o está usando lo que está escrito en esas notas.

Materiales:
Reproducible 7E y 9E
página 172
mesa de celebración
cinco piedras redondas de río
tocadiscos de discos compactos
vela
cerillos o encendedor

Accesorios de Zona®:
disco compacto

Alabanza y oración

Usando el cántico "Aplaudid" **(Reproducible 7E; disco compacto, pista 11)**, invite a la clase a la mesa de celebración para el tiempo de alabanza y oración.

Encienda la vela y haga que observen las piedras sobre la mesa y el color del retazo de tela sobre, señale que es el apropiado para la estación.

Pregunte: ¿Por qué creen que tenemos cinco piedras en nuestra mesa de celebración?

Pida que se sienten en círculo. Demuestre los siguientes movimientos y ritmos para el versículo bíblico. Después haga que sus estudiantes se acomoden por parejas frente a frente. Repitan el versículo bíblico juntos, usando el ritmo y los movimientos.
Con/fí/o (palmada/palmada/palmada – en las piernas)
En/Dios (aplauso/aplauso – palmas de la pareja)
Y/no/ten- (palmada/palmada/palmada –en las piernas)
go/mie/do (aplauso/aplauso/aplauso – palmas de la pareja)

Reparta el **Reproducible 9E**. Aprendan "Fuerte, audaz debes ser" **(disco compacto, pista 9)** y pida a el o la estudiante, a quien le asignó con anticipación que cierre la Lección 9 con la oración (página 172): "Amado Dios, algunas veces tenemos problemas para saber cómo hacer lo que sabemos que quieres que hagamos. Ayúdanos a recordar 'a pensar fuera de la caja' para poder seguirte. Amén".

Haga una copia de Zona Casera® para cada estudiante en su clase.

Casera para estudiantes

PAN DE ISAÍ

Isaí pidió a su hijo David que llevara pan y grano a sus hermanos en el campamento. Trata de probar este pan típico de ese tiempo. Pide a un adulto que te ayude a cocinarlo.

3 taza de harina de trigo integral
1 cucharadita de sal
1 taza de agua
2 cucharadas de aceite

Haga una masa dura con los ingredientes. Amase hasta que esté suave y elástica. Corte la masa para hacer quince bolas pequeñas. Aplane las bolas con su palmas. Use un rodillo sobre una mesa con harina para aplanar cada bola hasta hacer un círculo de cinco pulgadas.

Caliente una sartén. Añada un poco de aceite y cocine cada círculo de masa hasta que esté dorado. La masa se inflará cuando se cocina y luego se desinflará.

Zona para pensar

¿Cuándo confío en otras personas? ¿Cuándo confío en Dios? ¿Cuándo confío en mi mismo?

Cadena de confianza

Haz una cadena para recordar las ocasiones cuando puedes confiar en Dios. Puedes añadir eslabones adicionales a la cadena cuando tengas nuevas oportunidades para confiar en Dios.
Vas a necesitar: presillas de 2 pulgadas, cuadrados de papel de 1 pulgada, lápiz y pegamento.
Escribe las veces que has confiado en Dios en los cuadrados de papel de 1 pulgada. Enlaza dos presillas. Dobla un papel alrededor de cada presilla, pegando las orillas. Piensa en otras ocasiones en que has confiado en Dios. Para cada uno, enlaza una presilla adicional y envuélvela con una nota de confianza.

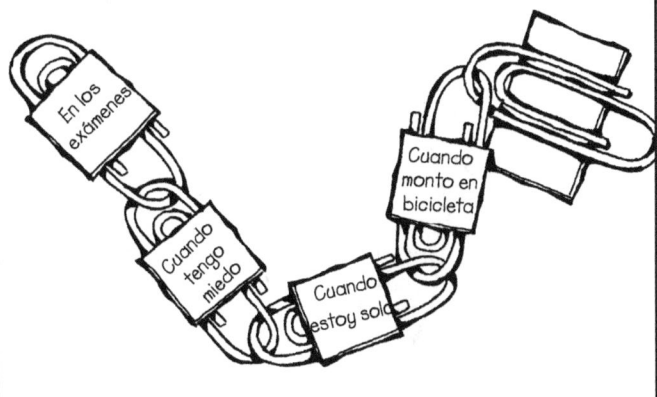

Versículo para memorizar

Confío en Dios y no tengo miedo.
Salmo 56:4b

Con la ayuda de Dios podemos enfrentar grandes problemas.

PRIMARIOS MAYORES: LECCIÓN 9

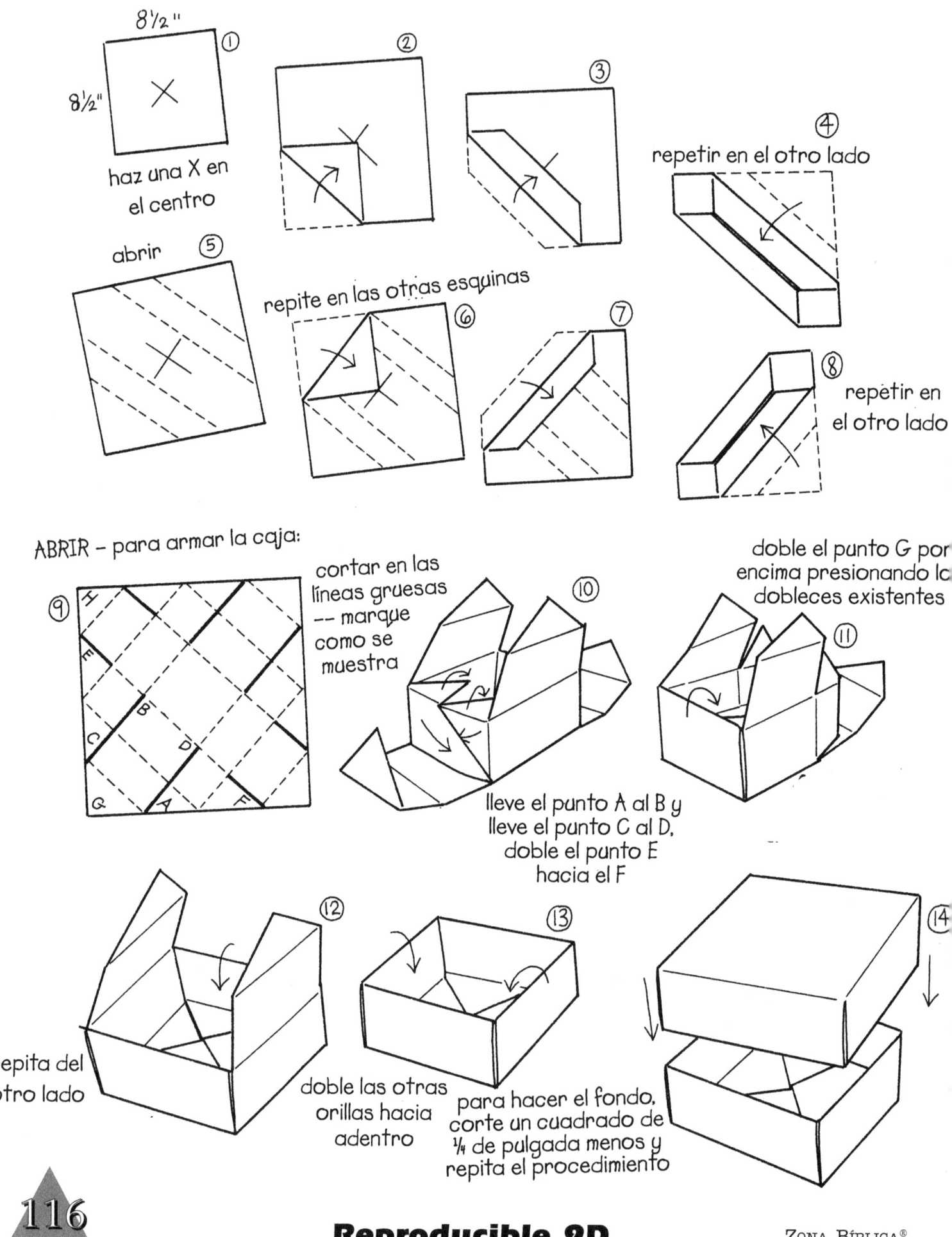

Cántico de

Fuerte, audaz debes ser

Fuerte (fuerte), audaz (audaz) debes ser pues Dios te cuida.
Fuerte (fuerte), audaz (audaz) debes ser pues Dios te cuida.

Yo no temeré ni desmayaré
pues yo ando en fe y victoria.
Te invito a andar en fe y victoria
pues tu Dios contigo está.

LETRA: Morris Chapman; trad. por Julito Vargas
MÚSICA: Morris Chapman
© 1984; trad. ã 2008 Word Music Inc. (ASCAP), 65 Music Square West, Nashville, TN 37203
Todos los derechos reservados. Derechos internacionales asegurados. Usado con permiso

PRIMARIOS MAYORES: LECCIÓN 9 **Reproducible 9E**

Permiso de fotocopiado otorgado para el uso de la iglesia local. © 2008 Abingdon Press.

David y Jonatán

Entra a la Zona

Versículo bíblico
Algunas amistades se rompen fácilmente, pero hay amigos más fieles que un hermano.
Proverbios 18:24

Historia bíblica
1 Samuel 20

La muerte de Goliat convirtió a David en un héroe. Amenazado por la popularidad de David, el inestable Saúl trató de matarlo. Como no lo logró, Saúl hizo a David oficial en su ejército, esperando que los filisteos hicieran en la batalla lo que él no había podido hacer.

David y Jonatán —el hijo de Saúl— se habían convertido en grandes amigos. Jonatán intercedió por David, y convenció a Saúl de que no lo matara. Pero esto no duró mucho, y nuevamente Saúl trató de matar a David arrojándole una lanza. Con la ayuda de su esposa Mical, la hija de Saúl, David pudo escapar y huir a Ramá en busca de Samuel.

En la historia de hoy, David regresó a ver a Jonatán, quien no sabía de las amenazas recientes de su padre. Los dos se volvieron a prometer lealtad, y David le presentó un plan para exponer la intención de Saúl. A su vez, Jonatán le presentó una estrategia para alertar a David si Saúl en verdad lo quería muerto. Mientras defiende a su padre, Jonatán también se da cuenta de que Saúl ya no tiene la bendición de Dios.

Esta historia de amistad entre Jonatán y David, hizo que Jonatán arriesgara su propia vida y futuro al implementar el plan que habían acordado con su amigo. Al salvarle la vida, Jonatán logró que la posibilidad de que David se convirtiera en rey fuera mucho mayor.

Más tarde, Jonatán murió junto a su padre en una batalla. De esta manera quedó eliminada toda rivalidad por el trono (1 Samuel 31:1-2). Sin embargo, su amistad con David continuó aún después de su muerte, ya que David hizo que trajeran los cuerpos de Saúl y Jonatán del campo de batalla para darles un entierro adecuado.

Sus estudiantes de cuarto, quinto y sexto grado pueden apreciar las amistades verdaderas, incluso en tiempos difíciles. Considere las amistades que le han dado sostén, que le han ayudado a vencer momentos difíciles y que se han mantenido fieles incluso en lo duro del conflicto.

Los amigos deben ser leales y cuidarse unos a los otros.

Vistazo a la

ZONA	TIEMPO	MATERIALES	⊚ ACCESORIOS DE ZONA®
Acércate a la zona			
Entra a la Zona	5 minutos	página 170, cinta adhesiva, tocadiscos de discos compactos	disco compacto
Mesa de celebración	5 minutos	página 172, mesa pequeña, mantel blanco, tela de colores, vela, Biblia, soga	ninguno
Graffiti de la amistad	10 minutos	papel para repisa u otro tipo de hojas largas de papel, marcadores, Biblias, concordancia bíblica, tocadiscos de discos compactos, cinta adhesiva o tachuelas	disco compacto
Zona Bíblica®			
Escoge las cualidades	5 minutos	Reproducible 10C, lápices, Biblias	corona de terciopelo,
Disfruta la historia	5 minutos	Reproducible 10A–11B	corona de terciopelo,
Móvil de la amistad	10 minutos	papel de construcción, tijeras, revistas, pegamento, marcadores, clavijas, ganchos para ropa, cuerda, hilo de tejer, o hilo para pescar, perforadora para papel, cinta adhesiva	ninguno
Rayuela de la amistad	5 minutos	tiza o cinta adhesiva para paquetes, piedras redondas de río o tapas de botella	ninguno
Zona de Vida			
Escribe una carta de amistad	5 minutos	Reproducible 10D, bolígrafos, sobre	ninguno
Alabanza y oración	10 minutos	Reproducibles 10E página 172, mesa de celebración, tocadiscos de discos compactos, soga, vela, cerillos o encendedor	disco compacto

⊚ Los Accesorios de Zona® se encuentran en el **Paquete de DIVERinspiración®**.

PRIMARIOS MAYORES: LECCIÓN 10

Acércate a la

Escoja una o más actividades para capturar el interés de sus estudiantes.

Materiales:
tocadiscos de discos compactos
página 170
cinta adhesiva

Accesorios de Zona®:
disco compacto

Entra a la Zona

Toque música del **disco compacto (pistas 9-14)** mientras llegan sus estudiantes. Salúdeles con una feliz sonrisa.

Diga: ¡Bienvenidos a la Zona Bíblica! Estoy feliz de que estén aquí. ¡Este es un lugar divertido donde conoceremos la Biblia!

Si sus estudiantes no se conocen, pida que se pongan las etiquetas con sus nombres (pág. 170).

Materiales:
página 172
mesa pequeña
mantel blanco
tela de colores
vela
Biblia
dos pedazos de soga

Accesorios de Zona®:
ninguno

Mesa de celebración

Pida a un o a una estudiante, que haya llegado temprano, que le ayude a preparar la mesa de celebración. Prepare la mesa con una vela, una Biblia y un retazo de tela de un color que corresponda al color de la estación del año cristiano de acuerdo con las instrucciones de la página 12.

Para esta sesión coloque dos pedazos de soga atadas con un nudo cuadrado, al lado de la vela.

Pida a un o una estudiante que se prepare para hacer la oración final en la sección de alabanza y oración. Entréguele una copia de la oración de la lección 10 (pág. 172).

Materiales:
papel para repisa u otro tipo de hojas largas de papel
marcadores
Biblias
concordancia bíblica
tocadiscos de discos compactos
cinta adhesiva o tachuelas

Accesorios de Zona®:
disco compacto

Graffiti de la amistad

Use un rollo de papel u hojas largas de papel para cubrir una parte grande de la pared. Asegúrese de que el papel sea suficientemente grueso, o use más de una capa para asegurar que la tinta de los marcadores no traspasan el papel.

Invite a sus estudiantes a usar esto como una pared para graffiti y hagan dibujos, escriban palabras o frases, o incluso que añadan sus propios poemas sobre la amistad. Anime a algunos a que usen una concordancia para buscar referencias bíblicas sobre los amigos o la amistad; también añadan estos versículos al graffiti. Permita que la música continúe mientras trabajan (**disco compacto, pistas 9-14**).

Escoja una o más actividades para sumergir a sus estudiantes en la historia bíblica.

Empareja la amistad

Reparta el **Reproducible 10C** y los lápices. Anime a sus estudiantes a pensar sobre qué declaración debe ir en cada categoría. Tal vez no todos estén de acuerdo. Después de que hayan emparejado las declaraciones con la categoría de amistad, y pase la **corona de terciopelo** a cualquier estudiante que quiera tomar parte en la discusión.

Diga: Nuestra historia de hoy es sobre dos jóvenes que eran muy buenos amigos.

Pase las Biblias y pida a sus estudiantes que busquen el versículo bíblico para hoy, Proverbios 18:24.

Materiales:
Reproducible 10C
lápices
Biblias

Accesorios de Zona®:
corona de terciopelo

Disfruta la historia

Reparta los **Reproducibles 10A-10B.** Usted, una o un estudiante pueden leer la historia. Después de terminar la lectura, haga las siguientes preguntas. Puede usar la **corona de terciopelo** para ayudar en la discusión.

Pregunte:
¿Qué palabras usarías para describir la amistad entre David y Jonatán? Algunas personas hacen amistad solamente con personas de su propia fe, y otras personas hacen amistad con que tienen otra fe o que dicen que no tienen ninguna. En cada caso, ¿cómo se ve afectada la amistad?

¿Cuáles son algunas de las señales que nos dicen cuando algunas personas comparten una amistad bastante firme?

¿Qué preguntas debes hacer cuando eliges amigos o amigas?

Materiales:
Reproducible 10A-10B

Accesorios de Zona®:
corona de terciopelo

PRIMARIOS MAYORES: LECCIÓN 10

Historia de la  Bíblica

Amigos son amigos

(Basada en 1 Samuel 20, relatada por Jonatán)

Por Delia Halverson

Si fueran personas del siglo diez antes de Cristo, sabrían quién era David. Y probablemente conocerían a mi padre, el rey Saúl. Pero tal vez no sabrían quién soy yo, Jonatán. De acuerdo con la tradición, yo sería el siguiente rey. ¡Qué honor ser rey de tu pueblo! Pero yo conocía a alguien que sería mejor rey que yo. Y esa persona era muy buen amigo mío. Déjenme decirles algo sobre nuestra amistad.

Nos conocimos cuando mi padre comenzó a tener terribles cambios de estado de ánimo. Él parecía estar bien durante un tiempo, y en algunas ocasiones parecía ser otra persona, incluso una persona malvada. Todos sabíamos que la bendición de Dios se había apartado de él, y necesitaba algo para calmar sus nervios. Sus consejeros encontraron a un muchacho que tocaba el arpa llamado David y su música apaciguaba el espíritu de papá, y todos estábamos agradecidos por David y su arpa.

David y yo nos convertimos en buenos amigos, a pesar de que crecimos en ambientes bastante diferentes. Yo crecí como el hijo del mandatario de la nación, siempre andando entre la gente y aprendiendo a ser soldado. David creció pasando la mayor parte de su tiempo solo y en el campo, cuidando a las ovejas. Se acercó mucho a Dios, pidiendo la dirección de Dios para todo lo que hacía. Conforme crecía nuestra amistad, aprendimos mucho el uno del otro. Incluso yo le pedí que prometiera a Dios que seríamos amigos por siempre. Tal vez entiendan un poco más sobre la amistad si les digo sobre el tiempo en que ayudé a David a escapar.

David había estado fuera por un tiempo y vino en secreto para preguntarme "¿Por qué tu padre el rey Saúl quiere matarme? ¿Qué hice mal?

Le dije que yo creía que mi papá no quería matarlo. Mi papá nunca hacía nada sin antes decírmelo. Pero David insistía en que era cierto y que era precisamente por nuestra amistad que mi papá no me lo quería decir. Eso tenía sentido. David creía que estaba a un paso de la muerte. Así que le pedí que me dijera qué hacer. No podía mantener mi promesa de amistad con David y permitir que mi padre lo matara.

David dijo: "Mañana es la fiesta de luna nueva, y se supone que yo debería cenar con tu papá. Pero me voy a esconder en un campo hasta el anochecer del siguiente día. Si Saúl pregunta dónde estoy, dile: 'David me pidió que lo dejara ir a su pueblo de Belén, para que pudiera participar en el sacrificio que su familia hace cada año'. Si tu papá dice que todo está bien, entonces no hay peligro. Pero si enoja, entonces sabrás que quería hacerme daño. Sé paciente conmigo, después de todo fue idea tuya de que nos prometiéramos ante el Señor que siempre seríamos amigos fieles. Si he hecho algo mal, mátame tú, pero no me entregues a tu padre".

Reproducible 10A

Permiso de fotocopiado otorgado para el uso de la iglesia local. © 2008 Abingdon Press.

Le prometí que le dejaría saber si mi padre estaba enojado, y que de ser necesario le ayudaría a escapar. Le sugerí una manera secreta para dejarle saber. Le dije que se colocara al lado de una roca en el campo donde se iba a esconder. Yo saldría y tiraría tres flechas a un blanco que estuviera a un lado de la roca. Después enviaría a mis siervos para que recogieran las flechas. Y quedaríamos de acuerdo en una señal. Si les dijera: "!Las flechas están más acá! ¡Recógelas!" entonces sabría que estaba a salvo. Pero si no lo estuviera, entonces yo le diría al siervo "!Las flechas están más allá!" Eso significaría que necesitaba huir. Yo sabía que sin importar que se fuera o se quedara, Dios siempre nos cuidaría y nos ayudaría a conservar nuestra amistad.

En la fiesta con el rey yo tenía esperanza, porque el primer día mi padre no dijo nada sobre el lugar vacío de David. Pero al siguiente, cuando el lugar permanecía vacío, me preguntó: "¿Por qué el hijo de Isaí no ha venido a comer con nosotros? ¡No estuvo aquí ayer y tampoco está aquí hoy!"

Cuando le dije que David había pedido mi permiso para ir a Belén, se puso furioso conmigo. Me llamó traidor. Estaba enojado por nuestra amistad y me dijo que mi reinado estaba en peligro mientras David viviera. Quería que le entregara a David para que lo pudieran matar. Cuando le pregunté qué mal había hecho David y por qué quería matarlo, me arrojó su lanza y trató de matarme.

Entonces tuve la seguridad de que mi padre realmente quería matar a David. Me levanté de la mesa y me negué a comer en todo el día. A la siguiente mañana llevé a mi siervo al campo tal como habíamos acordado. Envié al muchacho adelante y luego lancé una flecha mucho más allá de él. Cuando el muchacho se acercó a donde había caído la flecha, le grité: "¿Acaso la flecha no fue más allá de ti? Para estar seguro que David había entendido, grité: "!Date prisa, corre , no te detengas!"

Cuando el muchacho me trajo las flechas, lo envié de regreso al pueblo con mis armas. Ya que no había nadie por allí, David y yo tuvimos oportunidad de despedirnos. Lloramos, porque sabíamos que ya no podríamos estar juntos como amigos. David estaba muy turbado, y le dije: "Cuídate. Y recuerda que le hemos pedido al Señor que nos cuide y se asegure de que nosotros y nuestros descendientes guarden nuestra promesa para siempre".

David se fue, pero sabíamos que seríamos amigos para siempre. No sé lo que sucederá en el futuro. Con mi padre teniendo esta enfermedad, este "espíritu maligno" de seguro va a continuar buscando a David para matarlo. Es difícil continuar viviendo una vida normal cuando tu corazón está roto por la falta de tu amigo.

Parea las cualidades de la amistad

=Se pueden decir las siguientes frases de las amistades. Estudia las frases y decide cuál corresponde con amigos casuales, buenos amigos o amigos bien cercanos. Coloca el numero que está al lado de la frase en el dibujo que creas que corresponda.

1. Solamente es amigo de un amigo.
2. Comparte tus gozos y tristezas
3. Solamente es un socio de negocios
4. Comprende tus sentimientos
5. Sólo es miembro del mismo club
6. Tal vez hasta muera por ti.
7. Disfruta las actividades que haces.
8. Le puedes decir tus sentimiento más profundos
9. Solamente es un vecino
10. Tiene los mismos intereses que tú
11. Es un compañero de deportes
12. Pone tus intereses primero que los de otras amistades.

amigos casuales

buenos amigos

amigos bien cercanos

Reproducible 10C

Permiso de fotocopiado otorgado para el uso de la iglesia local. © 2008 Abingdon Press.

Zona Bíblica®

Escoja una o más actividades para sumergir a sus estudiantes en la historia bíblica.

Móvil de la amistad

Antes de la clase prepare un modelo del móvil usado las palabras e imágenes sobre la amistad.

Despliegue los materiales necesarios para que sus estudiantes puedan hacer un móvil para su cuarto en el hogar.

Dígales que pueden usar palabras, hacer dibujos o recortar fotografías de las revistas que ilustren la amistad. Anime a sus estudiantes para que sean creativos con sus móviles.

Recuérdeles la discusión que tuvieron después de la historia.

Materiales:
papel de construcción
revistas
tijeras
pegamento
marcadores
clavijas
ganchos para ropa
cuerda, hilo de tejer, o hilo para pescar
perforadora para papel
cinta adhesiva

Accesorios de Zona®:
ninguno

Rayuela de la amistad

Trace con una tiza el diagrama para jugar rayuela (la pata coja, reina mora), o use cinta adhesiva para paquetes para hacer el patrón de recuadros en el piso del aula. Dentro de cada recuadro escriba diferentes palabras sobre la amistad como: *confiar, igual, diferente, libre, lealtad, bondadoso, risa, perdón*.

Señale las palabras y hable sobre cómo hacen que la amistad sea mejor. Después juéguenlo de acuerdo con reglas en las que estén de acuerdo, usando piedras lisas o tapas de botella como marcadores.

Es importante involucrar a sus estudiantes para decidir cuáles habrán de ser las reglas, porque la habilidad para negociar es importante para una buena amistad.

Materiales:
tiza o cinta adhesiva para paquetes
piedras planas o tapas de botella.

Accesorios de Zona®:
ninguno

PRIMARIOS MAYORES: LECCIÓN 10

 de vida

Escoja una o más actividades para que la Biblia cobre significado en la vida diaria.

Materiales:
Reproducible 10D
bolígrafos
sobres

Accesorios de Zona®:
ninguno

Escribe una carta de amistad

Reparta el **Reproducible 10D** y los bolígrafos. Pida a sus estudiantes que piensen en un amigo o amiga con la que no han hablado recientemente y escríbanle una carta usando el papel del reproducible.

Provea sobres para las cartas. Sus estudiantes las llevarán a casa para poner la dirección y depositarlas en el correo.

Materiales:
Reproducible 10E
página 172
mesa de celebración
soga
tocadiscos de discos compactos
vela
cerillos o encendedor

Accesorios de Zona®:
disco compacto

Alabanza y oración

Usando el canto "Aplaudid" **(Reproducible 7E; disco compacto, pista 11)**, llame a la clase a la mesa de Celebración para el tiempo de alabanza y oración.

Encienda la vela y pida que observen las piedras sobre la mesa y el color del retazo de tela sobre la mesa que es el color apropiado para la estación.

Pregunte: ¿Por qué creen que tenemos dos sogas atadas con un nudo en nuestra mesa de celebración?

Ayude a sus estudiantes a reconocer las sogas atadas como un símbolo de amistad.

Pida a el o la estudiante a quien le asignó con anticipación para que cierre la Lección 10 con la oración (página 172), pero diga a sus estudiantes que cundo la persona ore diciendo: "Sabemos que nos has dado un amigo o amiga cuando _____", tienen que mencionar símbolos de la amistad.

"Nuestro Dios y Amigo, te damos gracias por la amistad que tenemos contigo, y la amistad que tenemos con_____. Sabemos que nos has dado un amigo cuando _____ (*permita que sus estudiantes mencionen símbolos de amistad antes de continuar*). Ayúdanos a ser el tipo de amigos o amigas que a nosotros nos gustaría tener. Amén.

Haga una copia de Zona Casera® para cada estudiante en su clase.

 # Casera para estudiantes

ENTREMES CALIENTE

Pide a un adulto que te ayude a preparar este aperitivo.
¼ de taza de mantequilla o margarina
½ taza de miel
6 tazas de palomitas
1 taza de nueces
Pre-caliente el horno a 350 grados.
Use un tazón para mezclar las palomitas y las nueces
A fuego bajo, derrita y mezcle la miel y la mantequilla.
Vierta la mezcla de miel y mantequilla sobre las palomitas y las nueces.
Extienda la mezcla sobre dos cacerolas largas y poco profundas y hornee por 8-10 minutos.
Deje que se enfríen en las cacerolas y mezcle. ¡Ahora están listas para comer!

Zona para pensar

¿Cómo elijo a mis amistades? ¿Cómo puedo ser un mejor amigo o amiga?

Dilo con rocas

Busca una roca plana y lisa. Límpiala bien. Usa marcadores o pinturas para decorar la roca y encima escribe algunas palabras sobre la amistad. Después dásela a un amigo o amiga.
Estas son algunas palabras que se pueden usar:
Elige la amistad.
Dios, cuida de nuestra amistad.
Los amigos y amigas confían.
Los amigos y amigas comparten,
Los amigos y amigas son leales.
Los amigos y amigas se cuidan.

Versículo para memorizar

Algunas amistades se rompen fácilmente, pero hay amigos más fieles que un hermano.
Proverbios 18:24

Los amigos deben ser leales y cuidarse uno a otro.

Cántico de

Aplaudid

¡Aplaudid! ¡Aplaudid! Cántale y alaba en gozo.
¡Aplaudid! ¡Aplaudid! Cántale y alaba en gozo.
¡Aplaudid! ¡Aplaudid!

¡Bueno es Dios!
¡Le damos gloria!
¡Bueno es Dios!
¡Le damos gloria!

LETRA: Handt Hanson y Paul Murakami; trad. Julito Vargas
MÚSICA: Handt Hanson y Paul Murakami
© 1991; trad. © 2008 Changing Church Forum

David el rey

Entra a la ZONA

Versículo bíblico
Confía en el Señor y haz lo bueno.
Salmo 37:3

Historia bíblica
2 Samuel 5:1-12

En este pasaje bíblico, David ya había sido ungido como rey de Judá, las tribus del sur, e Israel, la región de las tribus del norte, le pidió que fuera rey y uniera a la nación.

A dos ciudades se les considera como la Ciudad de David. La primera, Belén, era la ciudad donde había nacido David. La segunda, la ciudad de los jebuseos, era una ciudad cercana a Belén y no había pertenecido a ninguna de las tribus de Judá. Capturada por el rey David, se le llamó "la ciudad de paz" o Jerusalén.

Fue una buena estrategia elegir a la ciudad de Jerusalén como el centro del nuevo gobierno. Aunque la ciudad cambió de mano muchas veces, Jerusalén había sido un asentamiento estable por mucho tiempo para los jebuseos. Jerusalén tenía un sistema de agua potable que proveyó la ruta para una ataque sorpresa. La conquista de la ciudad trajo reconocimiento a David y a la nación. Dado que la ciudad no pertenecía a las tribus del norte ni a las del sur, fue un lugar neutral para el gobierno. También estaba centralmente ubicada y situada en una meseta montañosa. Elegir a Jerusalén como capital fue una buena decisión militar, psicológica y espiritual.

Jerusalén fue la ciudad de David no porque él la construyera sino porque la conquistó. Este tipo de victoria hubiese hecho que se le subieran los humos a la cabeza a cualquier líder muy fácilmente. El versículo 11 indica que el rey Hiram de Tiro, un amigo de David, fue instrumental para que David reconociera que la mano de Dios había estado en todo estos eventos. David reconoció que sus logros habían sido la manera que Dios había usado para exaltar a su pueblo Israel.

Conforme Dios nos llama a realizar grandes hechos en nombre de su reino, Dios también controla nuestros egos haciendo que otras personas tomen partes de la tarea que lleva al establecimiento y fortaleza del reino. Cada pieza del reino de Dios cae en su lugar, e incluso las partes aparentemente pequeñas que sus estudiantes de cuarto, quinto, y sexto grado tienen en el proceso son importantes. Nosotros podemos ser instrumentales para ayudarles a darse cuenta de esto.

Dios está con nosotros y nos ayuda a hacer grandes cosas.

Vistazo a la

ZONA	TIEMPO	MATERIALES	ACCESORIOS DE ZONA®
Acércate a la zona			
Entra a la Zona	5 minutos	página 170, cinta adhesiva, tocadiscos de discos compactos	disco compacto
Mesa de celebración	5 minutos	página 172, mesa pequeña, mantel blanco, tela de colores, vela, Biblia	corona de terciopelo
Busca el versículo bíblico	5 minutos	Reproducible 11C, Biblias, lápices	ninguno
Zona Bíblica®			
Mapa y tiempo de la Biblia	5 minutos	Transparencia 1, proyector, Biblias	tubos de agua celestial, cencerro
Disfruta la historia	10 minutos	Reproducible 11A–11B (opcional: disfraces)	corona de terciopelo, pizarra de director
Bolsillos de oración	10 minutos	Reproducible 11D, tiras de papel, lápices, tijeras, pegamento, marcadores o crayones	ninguno
Lanzamiento de versículos bíblicos	5 minutos	Biblia	bolas transparentes y coloreadas
Zona de Vida			
Concurso de deletreo	5 minutos	tiras de papel, lápices	ninguno
Alabanza y oración	10 minutos	Reproducibles 10E y 11E, página 172, mesa de celebración, tocadiscos de discos compactos, vela, cerillos o encendedor	corona de terciopelo, disco compacto

ⓘ Los Accesorios de Zona® se encuentran en el **Paquete de DIVERinspiración®**.

PRIMARIOS MAYORES: LECCIÓN 11

Acércate a la ZONA

Escoja una o más actividades para capturar el interés de sus estudiantes.

Materiales:
tocadiscos de discos
 compactos
página 170
cinta adhesiva

Accesorios de Zona®:
disco compacto

Entra a la Zona

Tenga tocando música del **disco compacto (pistas 9-14)** mientras sus estudiantes llegan. Salúdeles con una feliz sonrisa.

Diga: ¡Bienvenidos a la Zona bíblica! Estoy feliz de que estén aquí. ¡Este es un lugar divertido donde conoceremos la Biblia!

Si sus estudiantes no se conocen, pídales que se pongan las etiquetas con su nombre (pág. 170).

Materiales:
página 172
mesa pequeña
mantel blanco
tela de colores
vela
Biblia

Accesorios de Zona®:
corona de terciopelo

Mesa de celebración

Pida a un o a una estudiante que haya llegado temprano que le ayude a preparar la mesa de celebración. Prepare la mesa con una vela, una Biblia y un retazo de tela del color que corresponda a la estación del año cristiano que celebramos de acuerdo con las instrucciones de la página 12. Para esta sesión coloque la **corona de terciopelo** al lado de la vela.

Pida a un o a una estudiante que se prepare para hacer la oración final en la sección de alabanza y oración. Entréguele una copia de la oración de la lección 11 (pág. 172).

Materiales:
Reproducible 11C
Biblias
lápices

Accesorios de Zona®:
ninguno

Búsqueda de versículos bíblicos

Reparta el **Reproducible 11C**, las Biblias y los lápices. Instruya a sus estudiantes que usen la Biblia para buscar las palabras del versículo bíblico en el busca palabras ("Confía en el Señor y haz lo bueno"). Reconozca que diferentes versiones tendrán diferentes palabras. Las palabras usadas aquí son de la versión *Dios Habla Hoy*.

Respuestas al rompecabezas:

```
X I W P L N Q X A N D E I A T M J
M Ñ R G L M J R S D V I P R W P K
S N O Ñ M P C O N F I A P D E C N
M S Z I E A R O P T H E D M Ñ P O
O D (C O N F I A) I W L I A E U N S
M S Z B Y P R (E N) D M R P R Ñ W V
(E L) U O B C B U S T K V B O T X W
L D U L R O D K L (S E Ñ O R) C J U
(Y) X D W G M R E I U P R W P K J I
O A L T U N Q E A I O F S U X N M
T J W E (H A Z) S E O T U O V C N W
P M R G L D J F K S (L O) A W Z W
S N H B E I C B Q I L A I S W Q M
M S I I F B S (B U E N O) E R U S E
S T O Z B O R G U I N E K U A V E
```

ZONA BÍBLICA®

Escoja una o más actividades para sumergir a sus estudiantes en la historia bíblica.

Mapa y tiempo de la Biblia

Proyecte la **Transparencia 1** en la pared y localicen las diferentes ciudades.

Pregunte: ¿Qué me pueden decir sobre alguna de estas ciudades que ven en el mapa?

Pase el **tubo de agua celestial** en lugar de la **corona de terciopelo** a cualquiera de sus estudiantes que quiera tomar su turno para responder a la pregunta.

Pase las Biblias y diga a sus estudiantes que las abran en 2 Samuel 5:1-12. Primero asegúrese de que todos han encontrado el pasaje bíblico. Después pida que trabajen por parejas y busquen dónde se desarrolla la historia de hoy.

Coloque el cencerro en el centro del aula, y diga que el equipo que encuentre primero ese lugar que venga y haga sonar el cencerro. (La historia se lleva a cabo en dos lugares: Hebrón y Jerusalén). Señale los lugares en el mapa.

Materiales:
Transparencia 1
proyector
Biblias

Accesorios de Zona®:
tubos de agua celestial
cencerro

Disfruta la historia

Si tienen vestimentas disponibles, úselas para esta historia. Ya sea que las use o no, use la **corona de terciopelo** para coronar a David en el momento apropiado. Use la **pizarra de director** para indicar el cambio de escenas.

Reparta los **Reproducibles 11A-11B** y asigne los papeles. Puede hacer que algunos estudiantes actúen la historia en silencio, mientras los otros leen sus partes.

Materiales:
Reproducible 11A-11B
opcional:
  vestimentas

Accesorios de Zona®:
corona de terciopelo
pizarra de director

PRIMARIOS MAYORES: LECCIÓN 11

Historia de la  Bíblica

Dos reinos, un rey

(basada en 2 Samuel 5:1-12)

Por Delia Halverson

Primera Escena
Narrador: Cuando Saúl y sus tres hijos, incluyendo a Jonatán, murieron en batalla, la nación se quedó sin rey. Los líderes de Israel fueron a Hebrón adonde vivía David para hablar con él.

Líder 1: David, somos de tu misma sangre. Todos descendemos de Abraham. Tú eres un gran líder.

Líder 2: Aunque Saúl era el rey, tú dirigías a la nación en la batalla. Primero mataste a Goliat y luego nos dirigiste contra los filisteos en muchas batallas.

Multitud: Saúl ha matado a mil enemigos; ¡y David ha matado a diez mil enemigos!

Líder 3: El Señor ha prometido que algún día tú gobernarías Israel y cuidarías de nosotros.

David: Voy a entablar un acuerdo con ustedes. Yo seré su rey, y le pediré al Señor que sea testigo.

Líder 1: (*Derramando aceite sobre la cabeza de David y después poniendo la corona de terciopelo sobre su cabeza*). Ahora tú eres nuestro rey y nos dirigirás y cuidarás como un pastor.

Narrador: David tenía treinta años cuando se convirtió en rey de Judá. Gobernó por cuarenta años, y los primeros siete años y medio vivió en Hebrón y solamente gobernó en Judá.

Segunda Escena
Narrador: La ciudad que ahora es Jerusalén originalmente consistía de una fortaleza llamada Sión y estaba habitada por los jebuseos. David dirigió a sus ejércitos para atacarlos.

Jebuseos: ¡No pueden entrar! ¡Nosotros los podríamos detener aunque no pudiéramos ver ni caminar!

Narrador: David hizo planes y dio órdenes a su ejército.

David: La ciudad será de gran ventaja para nosotros. Está ubicada entre los territorios de las tribus del norte, Israel y Judá en el sur, ninguna tribu podría decir que le pertenece. También está construida en la cima de una colina, que es algo bueno para nuestra protección. Además será ideal como lugar central de la adoración a Dios.

Soldado: ¿Pero cómo podemos entrar a ella? La ciudad tiene una muralla alrededor que los jebuseos están protegiendo.
David: Hay un túnel por donde los jebuseos reciben su agua. Fluye fuera de la ciudad. Iremos por el túnel para introducirnos en la ciudad.

Reproducible 11A

Narrador: Debido a los astutos planes de David, su ejército fue capaz de entrar en la ciudad y conquistarla.

Tercera Escena
Narrador: Al pasar un tiempo, volvemos a encontrarnos con David en la ciudad que ahora se llamaba Jerusalén.

Oficial: Somos de Tiro y te traemos saludos del rey Hiram. Tú has conquistado esta ciudad y ahora es la ciudad de David.

David: La ciudad ahora se ha convertido en mi centro de gobierno. He traído aquí a mi familia.

Oficial: El rey Hiram escuchó que estás reconstruyendo la ciudad.

David: Así es, he comenzado con el campo al este de la ciudad, y los trabajos están progresando bien.

Oficial: Hemos traído madera de cedro, carpinteros y canteros para ayudarte a construir un palacio para ti. Necesitas un lugar apropiado para gobernar.

David: Si el rey Hiram los ha enviado a ayudarme, entonces ahora sé que Dios me ha confirmado como rey de Israel. Dios me hará un poderoso gobernante, y yo gobernaré para el bien del pueblo.

Narrador: El rey David gobernó por treinta y tres años más y, con la ayuda de Dios, hizo de Israel una nación poderosa.

Búsqueda del versículo bíblico

*Abre tu Biblia en el Salmo 37:3 para que te ayude a buscar el versículo bíblico de hoy en este palabragrama.
Cada palabra está en una línea diferente.*

```
X I W P L N Q X A N D E I A T M J
M Ñ R G L M J R S D V I P R W P K
S N O Ñ M P C O N F I A P D E C N
M S Z I E A R O P T H E D M Ñ P O
O D C O N F I A E W L I A E U N S
M S Z B Y P R E N D M R P R Ñ W V
E L U O B C B U S T K V B O T X W
L D U L R O D K L S E Ñ O R C J U
Y X D W G M R E I U P R W P K J I
O A L T U N Q E A I O F S U X N M
T J W E H A Z S E O T U O V C N W
P M R G L D J F K S L O O A W Z V
S N H B E I C B Q I L U I S W Q M
M S I I F B S B U E N O E R U S E
S T O Z B O R G U I N E K U A V E
```

Reproducible 11C

Zona Bíblica®

Permiso de fotocopiado otorgado para el uso de la iglesia local. © 2008 Abingdon Press.

Escoja una o más actividades para sumergir a sus estudiantes en la historia bíblica.

Bolsillos de oración

Reparta franjas de papel de 6 por 2 pulgadas y lápices. Recuérdeles a sus estudiantes que David dependió de Dios para que le dirigiera cuando se convirtió en rey.

Diga: Podemos depender de Dios para que guíe nuestras vidas. Dios nos ayudará a saber qué hacer, incluso cuando las decisiones sean difíciles. Algunas veces Dios nos ayuda cuando hablamos con otras personas sobre nuestras decisiones, y otras veces sabemos, dentro de nosotros mismos, lo que Dios quiere que hagamos. Podemos entender más fácilmente lo que Dios quiere cuando estudiamos la Biblia y cuando hablamos con Dios por medio de la oración. Usen las franjas de papel para escribir en ellas, ocasiones específicas cuando necesitan la dirección de Dios para tomar sus decisiones. Estas serán sus oraciones.

Después que sus estudiantes hayan escrito en varias franjas, reparta el **Reproducible 11D,** tijeras y pegamento, crayones o marcadores.

Diga: Vamos a hacer bolsillos de oración para que pongan ahí sus oraciones. Pueden conservar su bolsillo de oración al lado de su cama y usarlo por la mañana y por la noche cuando oren. O tal vez quieran ponerlo en su Biblia y leer la Biblia cuando oren.

Materiales:
Reproducible 11D
tiras de papel
lápices
tijeras
pegamento
marcadores o crayones

Accesorios de Zona®:
ninguno

Lanzamiento de versículo bíblicos

Haga que su clase se ponga de pie formando dos líneas y separados por seis pies. Las personas directamente enfrente de la otra serán compañeros o compañeras. Primero repitan juntos el versículo bíblico varias veces: "Confía en el Señor y haz lo bueno" (Salmo 37:3).

Diga: Vamos a aprender el versículo bíblico lanzando la bola uno a el otro con su pareja. Primero la vamos a lanzar en la manera normal. Después yo voy a dar instrucciones para diferentes maneras de lanzar la bola. Juntos repetiremos el versículo mientras lanzamos la bola, la mitad del versículo en un lanzamiento y la otra mitad en el otro lanzamiento.

Proporcione a cada pareja una **bola transparente y coloreada** y comiencen a decir el versículo. Después de que lo hayan hecho varias veces, intenten las siguientes maneras:

Lánzala por debajo de tu otro brazo.

Cruza el brazo por tu espalda y lanza la bola desde el otro lado.

Lánzala desde u cabeza.

Que rebote una vez al lanzarla.

Materiales:
Biblia

Accesorios de Zona®:
Bolas transparentes y coloreadas

PRIMARIOS MAYORES: LECCIÓN 11

Zona de vida

Escoja una o más actividades para que la Biblia cobre significado en la vida diaria.

Materiales:
tiras de papel
lápices

Accesorios de Zona®:
ninguno

Concurso de deletreo

Antes de la clase, escriba las siguientes palabras en franjas de papel: *David, Amigo, Ungir, Ayuda y Honda*. Se les darán a grupos de estudiantes con cinco personas exactamente. Ahora haga franjas adicionales con las siguientes palabras pero no las ponga con las otras. Estas las usará si su número de estudiantes no se puede dividir completamente por cinco.

Si tiene un estudiante adicional, añádalo a un grupo de cinco y use la palabra *Confía*

Si tiene dos estudiantes adicionales, añádalos a un grupo de cinco y use la palabra *Promesa*.

Si tiene tres estudiantes adicionales, forme un grupo de tres y use la palabra *Dar*.

Si tiene cuatro estudiantes adicionales forme un grupo de cuatro y use la palabra *Dios*.

Divida a la clase en grupos de cinco, o de acuerdo con las instrucciones de arriba.

Diga: Vamos a jugar al Concurso de deletreo humano. A cada grupo le voy a dar una palabra que van a deletrear usando sus cuerpos. Cada persona representará una letra y colocará su cuerpo para formar esa letra. El resto de la clase tratará de adivinar la palabra. Las palabras se relacionan con la lección de este trimestre.

Materiales:
Reproducible 10E y 11E
mesa de celebración página 172
tocadiscos de discos compactos
vela
cerillos o encendedor

Accesorios de Zona®:
corona de terciopelo
disco compacto

Alabanza y oración

Usando el cántico "Aplaudid" (**Reproducible 7E; disco compacto, pista 11**), **invite a** la clase a la mesa de celebración para el tiempo de alabanza y oración.

Encienda la vela y haga que se fijen en la **corona de terciopelo** sobre la mesa y en el color del paño que es el apropiado para la estación.

Pregunte: ¿Por qué creen que tenemos la corona de terciopelo en nuestra mesa de celebración? ¿Qué aprendimos hoy sobre la manera en que el rey David confiaba en Dios y buscaba su dirección?

Reparta el **Reproducible 11E** y cante "Todos alaben" (**disco compacto, pista 12).**

Pida a el o la estudiante, que asignó con anticipación, que cierre la Lección 11 con la oración (página 172): "Oh, Dios de David y Dios nuestro Dios, a veces tenemos que tomar decisiones difíciles. Te pedimos que nos guíes en esas decisiones tal como lo hiciste con David".

Haga una copia de Zona Casera® para cada estudiante en su clase.

 # Casera para estudiantes

TAZAS DE CONFIANZA

Haz una tazón para recordar que puedes confiar en Dios. Vas a necesitar un tazón sin diseño, Liquitex Gloséis, Acrylic Enamels (se pueden conseguir en tiendas para manualidades), papel de periódico, un plato de plástico, brochas pequeñas, un trapo húmedo, una bandeja para hornear, un horno y una agarradera para cosas calientes.

Cubre la superficie de trabajo con papel de periódico. Lava el tazón con detergente para platos, enjuaga bien, y sécalo bien.

Agita las botellas de pintura y vierte un poco de pintura en el plato. Traza las palabras "Confía en el Señor" sobre el tazón y decóralo de la manera que quieras. (Conserva la pintura en la parte de afuera de la taza). Con un trapo húmedo puedes borrar cualquier error que cometas. Limpia tus brochas cuando termines.

Pre-calienta el horno a 325 grados y coloca el tazón pintado sobre la bandeja para hornear en el centro del horno. Hornéalo por 40 minutos. (Abre una ventana o utiliza un extractor de aire para eliminar los vapores del cuarto). Usando las agarraderas, remueve la bandeja para hornear y deja que el tazón se enfríe completamente.

Zona para pensar

¿En quién confías cada día? (¿Confías en que un conductor se detendrá cuando la luz esté roja? ¿Confías en que las personas que preparan la comida la mantengan limpia?) En la creación, ¿dónde pones tu confianza?

Coronas de pastelitos

Mezcla los siguientes ingredientes hasta que estén suaves.
1 taza de harina
½ cucharadita de sal
1 taza de leche
2 huevos

Engrasa un molde de seis recipientes para pastelitos. Vierte en cada uno con tres cuarto de masa.

Hornéalos por 40-45 minutos a 425 grados Fahrenheit y sírvalos inmediatamente mientras están calientitos, con mantequilla y miel o mermelada

Versículo para memorizar

Confía en el Señor y haz lo bueno. Salmo 37:3

Dios está con nosotros y nos ayuda a hacer grandes cosas.

Bolsillo de oración

Haz un bolsillo de oración para guardar tus oraciones.

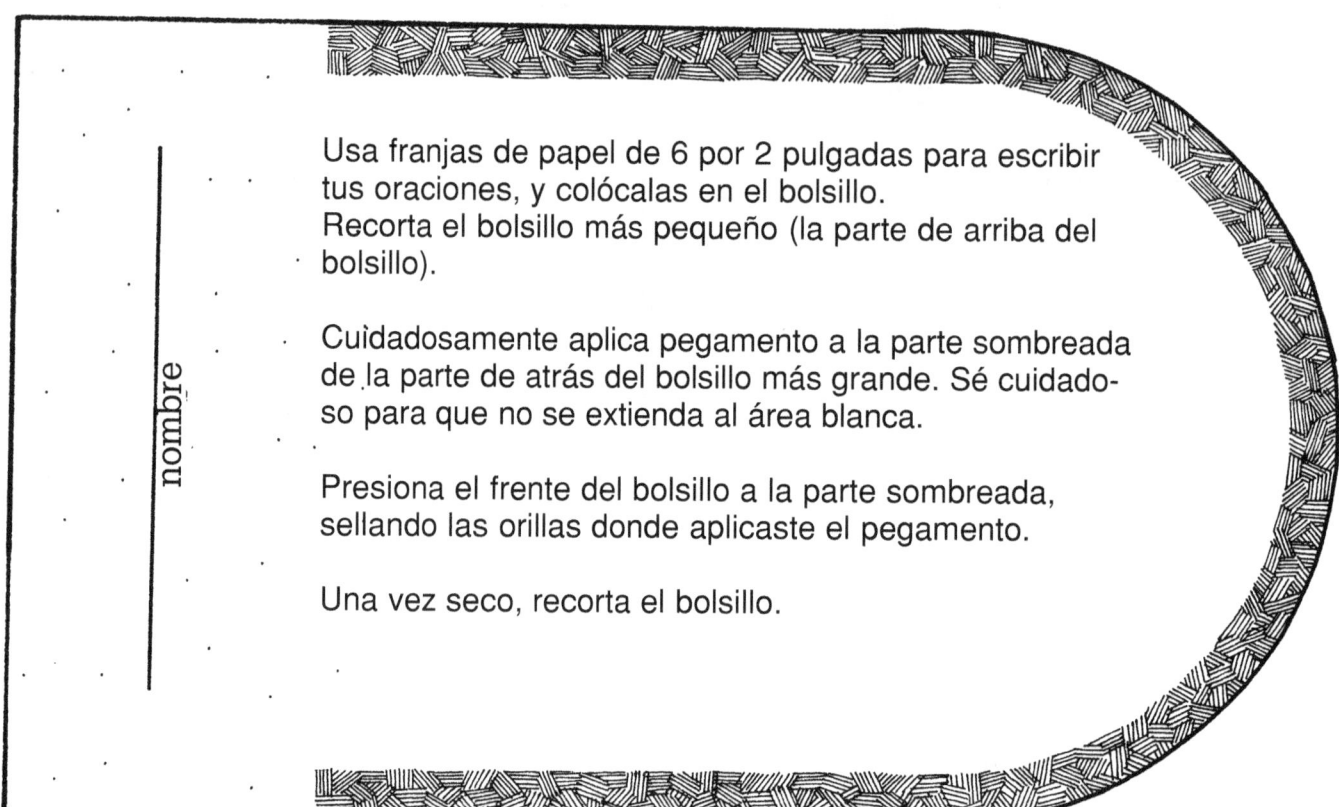

Usa franjas de papel de 6 por 2 pulgadas para escribir tus oraciones, y colócalas en el bolsillo.
Recorta el bolsillo más pequeño (la parte de arriba del bolsillo).

Cuidadosamente aplica pegamento a la parte sombreada de la parte de atrás del bolsillo más grande. Sé cuidadoso para que no se extienda al área blanca.

Presiona el frente del bolsillo a la parte sombreada, sellando las orillas donde aplicaste el pegamento.

Una vez seco, recorta el bolsillo.

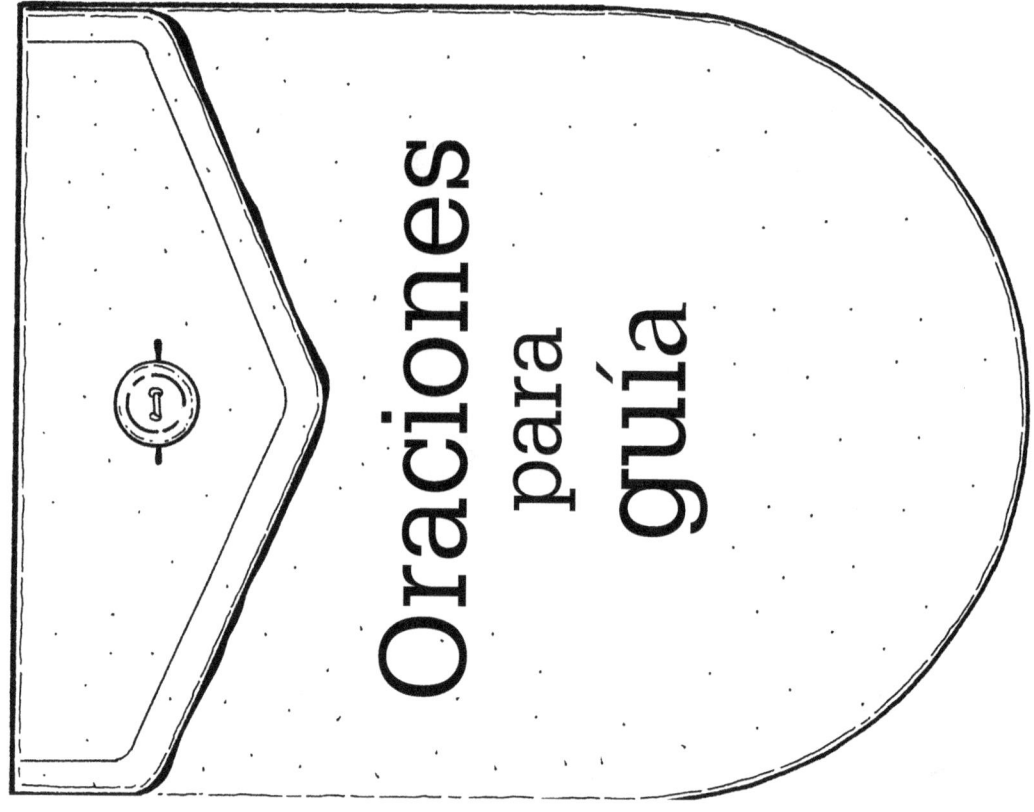

Oraciones para guía

Reproducible 11D

Permiso de fotocopiado otorgado para el uso de la iglesia local. © 2008 Abingdon Press.

Zona Bíblica®

Cántico de

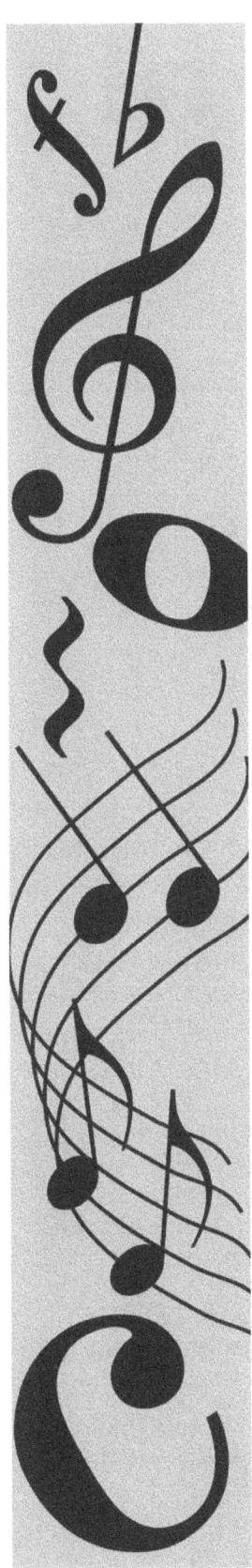

Todos alaben

Todos alaben, aleluya.
Alabemos al Señor.

Alabemos con trompeta
con arpa y el laúd
con el pandero y con danza
alabemos al Señor.

Alabemos en su santuario
por sus proezas y amor
por su misericordia.
alabemos al Señor.

Alabemos día y noche
en la tierra y en el mar
por toda su creación
alabemos al Señor.

Alabemos al Señor.

LETRA: J. Jefferson Cleveland; trad. por Diana Beach
MÚSICA: J. Jefferson Cleveland
© 1981; trad. © 2008 J. Jefferson Cleveland

12 ZONA Bíblica

David unifica al reino

Entra a la ZONA

Versículo bíblico
Tú, Señor, eres Dios, y tus palabras son verdaderas.

2 Samuel 7:28

Historia bíblica
2 Samuel 6:1-19; 7:18-29

La estrategia de David de traer el arca del pacto a Jerusalén, la nueva Ciudad de David, no solamente unió a las tribus de Israel, sino que también uniría a diferentes generaciones. Con su reverencia por el arca, David afirmó las antiguas tradiciones y la herencia que habían recibido de aquellos que sacaron al pueblo de Egipto. El traer el arca a la nueva Ciudad de David unía al pasado con el presente y el futuro. La celebración con danza y canto no solamente expresaba el gozo del evento, sino también exaltaba a Dios en quien el pueblo podía confiar para cumplir la promesa de convertir a Israel en una gran nación. El orgullo nacional se convirtió en un orgullo por sus convicciones religiosas.

La muerte de Uza y la reacción de David en 6:6-8, son problemáticas. Podemos especular que Uza pudo haber sido destrozado bajo el peso del arca, pero no es la forma en que David ni el escritor de 2 de Samuel interpretan el evento. Recordemos que la fe era (y es) una obra en progreso. De la creencia de que Dios castigaría a cualquiera que se atreviera a tocar el arca sagrada y de que la ira de Dios podía ser aplacada por medio del sacrificio de animales, la fe de Israel iría madurando hacia un entendimiento de un Dios amoroso que solamente quiere el bien de su pueblo.

Aunque se podría considerar que la fe de David era primitiva en muchos aspectos, reconocía que Dios lo había guiado en sus conquistas, y respondió con adoración y alabanza, y también con una profunda conversación personal con Dios.

Muchas veces buscamos a Dios cuando estamos en medio de luchas y pruebas; pero cuando las cosas van bien nuevamente, nos tornamos jactanciosos y fallamos en darle la gloria a Dios quien realiza sus proezas por medio nuestro. Fallamos en reconocer que Dios nos da el cerebro y habilidad mental necesaria para funcionar y poder hacer esas proezas y obtener logros.

Sus alumnos de cuarto, quinto y sexto grado no son muy jóvenes para aprender a reconocer cómo Dios obra dentro de nosotros para hacer fructificar las promesas que Dios ha hecho.

Podemos confiar en que Dios cumple sus promesas.

Vistazo a la

ZONA	TIEMPO	MATERIALES	ⓘ ACCESORIOS DE ZONAS
Acércate a la zona			
Entra a la Zona	5 minutos	página 170, cinta adhesiva, tocadiscos de discos compactos	disco compacto
Mesa de celebración	5 minutos	página 172, mesa pequeña, mantel blanco, tela de colores, vela, Biblia, caja decorativa	ninguno
Palabras unificadoras	5 minutos	Reproducible 12C, lápices	ninguno
Zona Bíblica®			
Mapa y tiempo de la Biblia	5 minutos	Transparencia 1, proyector, Biblias	tubos de agua celestial, cencerro
Disfruta la historia	10 minutos	Reproducible 12A–12B	ninguno
Colgantes para manija de puerta	5 minutos	Reproducible 12D, marcadores y tijeras	ninguno
Juego: "Dos mitades hacen un entero"	5 minutos	sorbetes (pajillas) de plástico, cinta adhesiva para paquetes, cronómetro o reloj con segundero	pelotas transparentes y coloreadas, cencerro
Zona de Vida			
Aprende un cántico	5 minutos	Reproducible 12E, tocadiscos de discos compactos	disco compacto
Alabanza y oración	10 minutos	Reproducible 12E, página 172, mesa de celebración, tocadiscos de discos compactos, caja decorativa, vela, cerillos o encendedor	disco compacto

ⓘ Los Accesorios de Zona® se encuentran en el **Paquete de DIVERinspiración®**.

PRIMARIOS MAYORES: LECCIÓN 12

Acércate a la

Escoja una o más actividades para capturar el interés de sus estudiantes.

Materiales:
tocadiscos de discos compactos
página 170
cinta adhesiva

Accesorios de Zona®:
disco compacto

Entra a la Zona

Tenga tocando música del **disco compacto (pistas 9-14)** mientras llegan sus estudiantes. Salúdeles con una feliz sonrisa.

Diga: ¡Bienvenidos a la Zona bíblica! Estoy feliz de que estén aquí. ¡Este es un lugar divertido donde conoceremos la Biblia!

Si sus estudiantes no se conocen, pídales que se pongan las etiquetas con su nombre (pág. 170).

Materiales:
página 172
mesa pequeña
mantel blanco
tela de colores
vela
Biblia
caja decorativa

Accesorios de Zona®:
ninguno

Mesa de celebración

Pida a un o a una estudiante que haya llegado temprano que le ayude a preparar la mesa de celebración. Prepare la mesa con una vela, una Biblia y un retazo de tela cuyo color corresponda al de la estación del año cristiano de acuerdo con las instrucciones de la página 12.

Para esta sesión coloque la **caja decorativa** al lado de la vela.

Pida a un o a una estudiante que se prepare para hacer la oración final en la sección de alabanza y oración. Entréguele una copia de la oración de la lección 12 (pág. 172).

Materiales:
Reproducible 12C
lápices

Accesorios de Zona®:
ninguno

Palabras unificadoras

Reparta el **Reproducible 12C** y los lápices. Pida a sus estudiantes que trabajen en parejas para crear poemas de acuerdo con las instrucciones. Cuando terminen sus poemas, los puedan leer a la clase.

Escoja una o más actividades para sumergir a sus estudiantes en la historia bíblica.

Mapa y tiempo de la Biblia

Proyecte la **Transparencia 1** en la pared. Pida a sus estudiantes que localicen las ciudades en el mapa.

Pregunte: ¿Qué me pueden decir sobre alguna de estas ciudades que ven en el mapa?

Pase el **tubo de agua celestial** en lugar de la **corona de terciopelo** a cualquiera de sus estudiantes que quiera tomar su turno para responder a la pregunta.

Pase las Biblias y pídales que las abran en 2 Samuel 6:1-19; 7:18-29. Primero asegúrese de que todos han encontrado el pasaje bíblico. Después pida que trabajen por parejas y encuentren dónde se desarrolla la historia de hoy.

Coloque el **cencerro** en el centro del aula, y diga que el equipo que identifique primero el lugar que haga sonar el cencerro. (La historia se lleva a cabo Baala). Señale los lugares en el mapa.

Materiales:
Transparencia 1
proyector
Biblias

Accesorios de Zona®:
tubos de agua celestial
cencerro

Disfruta la historia

Diga: Otra vez, nuestra historia es sobre David, cuando ya era rey. Los hebreos vivían en dos regiones, Judá en el sur en donde vivían las tribus de Judá y Benjamín e Israel en el norte donde vivía las otras tribus. Aunque David era oficialmente rey de las dos regiones, permanecían divididas. Con la conquista de Jerusalén, David quería algo que uniera a los dos grupos en una sola nación.

Reparta los **Reproducibles 12A-12B** y lea la historia. Después de la historia, vean el cuadro del arca del pacto al final de la historia.

Pregunte: ¿Por qué se le llama el arca del pacto? (*tenía las tablas de los diez mandamientos que eran parte de su pacto con Dios*). **¿Que significa hacer un pacto?** (*una promesa o acuerdo que es iniciado por Dios*). **¿Qué pacto hizo Dios con su pueblo?** (*Dios sería su Dios, y ellos serían su pueblo*).

Materiales:
Reproducible 12A-12B

Accesorios de Zona®:
ninguno

PRIMARIOS MAYORES: LECCIÓN 12

Historia de la Zona Bíblica

Si el arca pudiera hablar

(Basada en 2 Samuel 6:1-19; 7:18-29)

Por Delia Halverson

Algunas personas dirían, que no es mas que una gran caja cubierta de oro. Otras personas tal vez hasta me confundan con una nave que construyó un hombre llamado Noé para sobrevivir al diluvio.

Pero si fueran israelitas del tiempo de David, ustedes sabrían que soy importante. para los hebreos, en mí se depositaba el espíritu de Dios.

A mí me construyeron hace mucho, mucho tiempo, casi trescientos años antes del reinado de David, o sea desde que Moisés dirigió a los israelitas fuera de Egipto. Moisés mandó a que me construyeran para que el pueblo supiera que Dios estaba con ellos dondequiera que fueran.

Estoy hecha de madera de acacia, recubierta de oro. Tengo una tapa de oro que tiene dos ángeles de oro mirando hacia abajo, aquí es donde se cree que el espíritu de Dios se deposita cuando viene a hablarle a sus escogidos.

Tal vez han oído hablar de las dos tablas de piedra que Moisés trajo cuando bajó de la montaña luego de haber estado con Dios. Estas tablas tenían escritos los Diez Mandamientos. Las colocaron dentro de mi y van a dondequiera que yo voy.

Aunque soy pesado, los sacerdotes me cargan fácilmente con palos largos que se colocan dentro de aros de oro de los cuales tengo dos en cada lado.

Nunca había tenido un hogar permanente, pero por, ahora me encontraba en Baalá, en Judá. Cuado David se convirtió en rey de Israel, y luego de conquistar a Jerusalén, quiso que su ciudad fuera el centro de la vida religiosa del país.

Cuando David vino para llevarme, trajo treinta mil de sus mejores soldados, ¡por eso pueden ver que soy muy importante! Los soldados de David me pusieron en una carreta nueva y viajamos bajando la colina donde estaba la casa de Abinadab, donde me habían guardado por un tiempo. Déjenme decirles que era una gran procesión. Había arpas y otros instrumentos de cuerdas, y tamborines, castañuelas y címbalos. Toda la gente, incluyendo a David, iban danzando con todas sus fuerzas delante del Señor.

De pronto, cuando llegamos a un lugar conocido como Era de Nacón, ¡sentí un movimiento brusco! Los bueyes habían tropezado y sentí que estaba por caer. Se suponía que nadie debería tocarme, pero un hombre llamado Uza alargó la mano para detener mi caída. Pero inmediatamente cayó al suelo y murió. Me dio pena su muerte, pero agradecí que me había salvado de caer.

Debido a este incidente, David tuvo mucho temor de llevarme hasta Jerusalén. Tenía dudas de que Dios me quisiera allí, así que hizo arreglos para que me dejaran en la casa de Obed-edom, un hombre de Gat.

Reproducible 12A

Permiso de fotocopiado otorgado para el uso de la iglesia local. © 2008 Abingdon Press.

Tuve miedo de que mi jornada terminara allí.

Me dejaron tres meses en casa de Obed-edom. Mi presencia en ese hogar trajo bendición a aquella familia. Cuando le contaron a David estos acontecimientos, regresó para llevarme hasta la ciudad de David, Jerusalén.

Una vez más comenzó la celebración. David se detuvo por el camino para sacrificar un toro y un carnero a Dios. Todos se volvían para verme pasar mientras yo era traído a la ciudad.

Después de que me colocaron en una tienda de campaña especial que David había mandado a preparar para mí, le dio a todos una hogaza pequeña de pan, una torta de pasas y otra de dátiles y los envió a casa. ¡Ahora ya estaba en un lugar permanente!

Aunque la mayor parte del tiempo estaba sola en la tienda de campaña, David venía con frecuencia. Una vez vino, y oró al Señor. Le dio las gracias a Dios por todo lo que había hecho por él hasta ese momento. David le pidió a Dios que siempre fuera el Dios de su pueblo.

Pero, Dios siempre cumple sus promesas. David lo sabía. De hecho, en su oración él dijo: "Tú, Señor, eres Dios, y tus palabras son verdaderas".

Me da un gran gozo saber que puedo hacer que personas como David vengan a un lugar donde se puedan sentir cerca de Dios. Muchos años más tarde el hijo de David construyó un hermoso templo, y me llevaron allí, pero esa es otra historia.

Siempre voy a recordar esa tienda de campaña donde pasé los primeros años en Jerusalén.

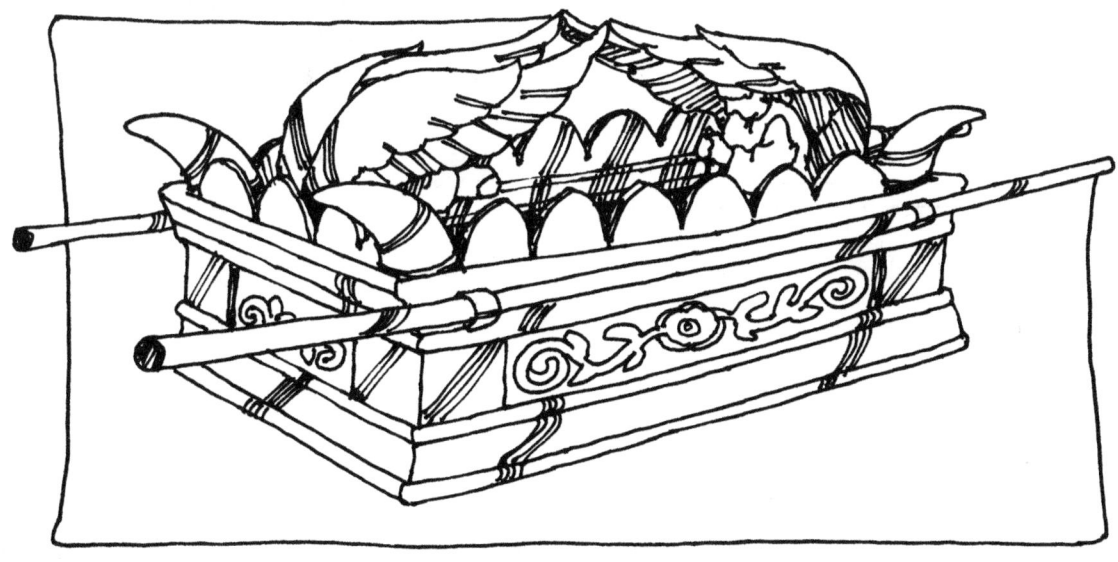

Escribe un poema

Es fácil escribir un poema. No tiene que rimar y se pueden hacer con pocas palabras.

Hay unidad cuando nos reunimos y tenemos una meta o propósito común aunque haya algunas diferencias. La iglesia se une cuando decide construir una misión o cuando la gente ora por alguien.

Piensa en cosas que nos unen y hacen que nos preocupemos los unos por los otros. Escribe esas palabras en los espacios de abajo. Usa las palabras para que te ayuden a escribir una quintilla (instrucciones a la derecha).

_____   _____

_____   _____

_____   _____

_____   _____

_____   _____

_____   _____

Escribe una quintilla sobre la unidad. Usa la forma que está al final de la página.

Puedes usar algunas de las palabras que escribiste en la caja de la izquierda.

Línea 1: El título (*unidad*)

Línea 2: Dos palabras sobre la unidad (una frase o palabras separadas).

Línea 3: Tres verbos que sean de acción. Pueden terminar en "ando" o puede ser una frase de acción.

Línea 4: Cuatro palabras que digan algo sobre los sentimientos sobre la primera línea. Puede ser una frase.

Línea 5: Una palabra que signifique lo mismo que la primera línea (o vuelve a usar la primera palabra, o "Amén" como si fuera una oración).

1. ____unidad____

2. _____   _____

3. _____   _____   _____

4. _____   _____   _____   _____

5. _____

Escoja una o más actividades para sumergir a sus estudiantes en la historia bíblica.

Colgantes para manija de puerta

Reparta el **Reproducible 12D,** marcadores y tijeras.

Sugiera a sus estudiantes que usen los marcadores para decorar un colgante para su puerta que puedan usar en su hogar para recordarles que pueden confiar en que Dios cumple sus promesas

Materiales:
Reproducible 12D
marcadores
tijeras

Accesorios de Zona®:
ninguno

Juego "Dos mitades hacen un entero"

Divida la clase en el equipo de Judá y el equipo de Israel. Coloque dos líneas paralelas de cinta adhesiva para paquete en el piso, como a tres pies la una de la otra. Pida que el equipo de Judá se coloque detrás de una línea, y el equipo de Israel detrás de la otra. Reparta a cada estudiante cinco sorbetes (pajillas) y un rollo de cinta adhesiva para paquetes y seis **pelotas transparentes y coloreadas**.

Diga: David llevó el cofre sagrado a Jerusalén para unir al reino. Centralizó, tanto el gobierno como la vida religiosa en un solo lugar. Vamos a jugar un juego que requiere que todos en los equipos cooperen por igual. Ambos equipos usarán las pelotas, sorbetes y la cinta adhesiva para paquetes para crea una estructura que va a ir hacia arriba y hacia el otro equipo. La meta es conectar el espacio entre las líneas con estas estructuras. Solamente las pelotas pueden tocar el piso cuando se complete la construcción. El primer sorbete (pajilla) que serán colocados se pueden insertar en las bolas. El resto de los sorbetes (pajillas) serán conectados con cinta adhesiva para paquetes. Cada persona debe colocar sus propios sorbetes, aunque los miembros del equipo pueden dar sugerencias sobre el lugar donde las pueden poner. Pueden comenzar cuando haga sonar el cencerro. Vean cuánto les toma completar la tarea, y cuántos sorbetes (pajillas) se usan.

Materiales:
sorbete (pajillas) de plástico
2 rollos de cinta adhesiva para paquete
cronómetro o reloj con segundero

Accesorios de Zona®:
pelotas transparentes y coloreadas
cencerro

Zona de vida

Escoja una o más actividades para que la Biblia cobre significado en la vida diaria.

Materiales:
Reproducible 12E
tocadiscos de discos compactos

Accesorios de Zona®:
disco compacto

Aprende el cántico

Reparta el **Reproducible 12E** y aprendan el cántico: "Vengan con gratitud" **(disco compacto, pista 13)**.

Materiales:
Reproducible 12E
página 172
mesa de celebración
caja decorativa
tocadiscos de discos compactos
vela
cerillos o encendedor

Accesorios de Zona®:
disco compacto

Alabanza y oración

Usando el canto "Aplaudid" **(Reproducible 7E; disco compacto, pista 11)**, **invite** a la clase a la mesa de celebración para el tiempo de alabanza y oración.

Encienda la vela y pida a la clase que observen la caja decorativa sobre la mesa y el color del paño el apropiado para la estación.

Pregunte: ¿Qué simboliza la caja que tenemos en nuestra mesa de celebración de hoy? (*De tiempo para que respondan*). **Como el arca del pacto o cofre sagrado, esta caja simboliza la presencia de Dios en medio nuestro. Para David fue importante llevar el arca hasta el lugar que sería el centro del culto.**

Canten "Vengan con gratitud" **(Reproducible 12E; disco compacto, pista 13)**.

Pida, a el o la estudiante que asignó con anticipación, que cierre la Lección 12 con la oración (página 172): "Oh Dios, te damos gracias porque cumples las promesas que nos haces. Ayúdanos a estar unidos ante tu presencia, y hacer lo que tú quieres que hagamos en el nombre de Jesús oramos. Amén".

Haga una copia de Zona Casera® para cada estudiante en su clase.

 # Casera para estudiantes

TOSTADA DEL ARCA

Corta varias rebanadas de pan formando rectángulos, dejando extensiones como si fueran postes en cada parte de abajo.

Coloca el pan en una bandeja para hornear y tuéstalas ligeramente por cada lado, bajo la parrilla en el horno. Necesitarás vigilarlo cuidadosamente para asegurarte de que no se queman.

Deja que se enfríen un poco y úntalas con una capa ligera de mantequilla suave. Rocíalas con azúcar amarilla y regrésalas a la parrilla sólo lo suficiente para que se derrita el azúcar pero que no se quemen las orillas de la tostada.

Recuerda el arca del pacto mientras te comes una tostada.

Zona para pensar

¿Qué promesas no has cumplido? ¿Alguien te ha prometido algo y no ha cumplido su promesa? ¿Qué nos ha prometido Dios?

Versículo para memorizar

Tú, Señor, eres Dios, y tus palabras son verdaderas. 2 Samuel 7:28

Haz un arca

El arca del pacto fue hecha de madera de acacia, recubierta de oro. Esto significa que había una capa delgada de oro sobre la madera. Se debe haber tallado un diseño sobre la madera antes de que se recubriera con el oro.

Experimenta con papel de aluminio para hacer una imagen en relieve. Para hacerlo, coloca un trozo de papel de aluminio sobre una superficie en relieve, como una moneda, y frota ligeramente con un palito para manualidades o algún otro objeto plano. Cuando hayas removido el papel de aluminio, el diseño permanecerá. Experimenta con diferentes superficies.

Podemos confiar en que Dios cumple sus promesas.

Permiso de fotocopiado otorgado para el uso de la iglesia local. © 2008 Abingdon Press.

PRIMARIOS MAYORES: LECCIÓN 12

Colgantes para manija de puerta

Decora y recorta el colgante para manija de puerta. Úsalos en tu casa para recordarte que podemos confiar en que Dios cumple sus promesas.

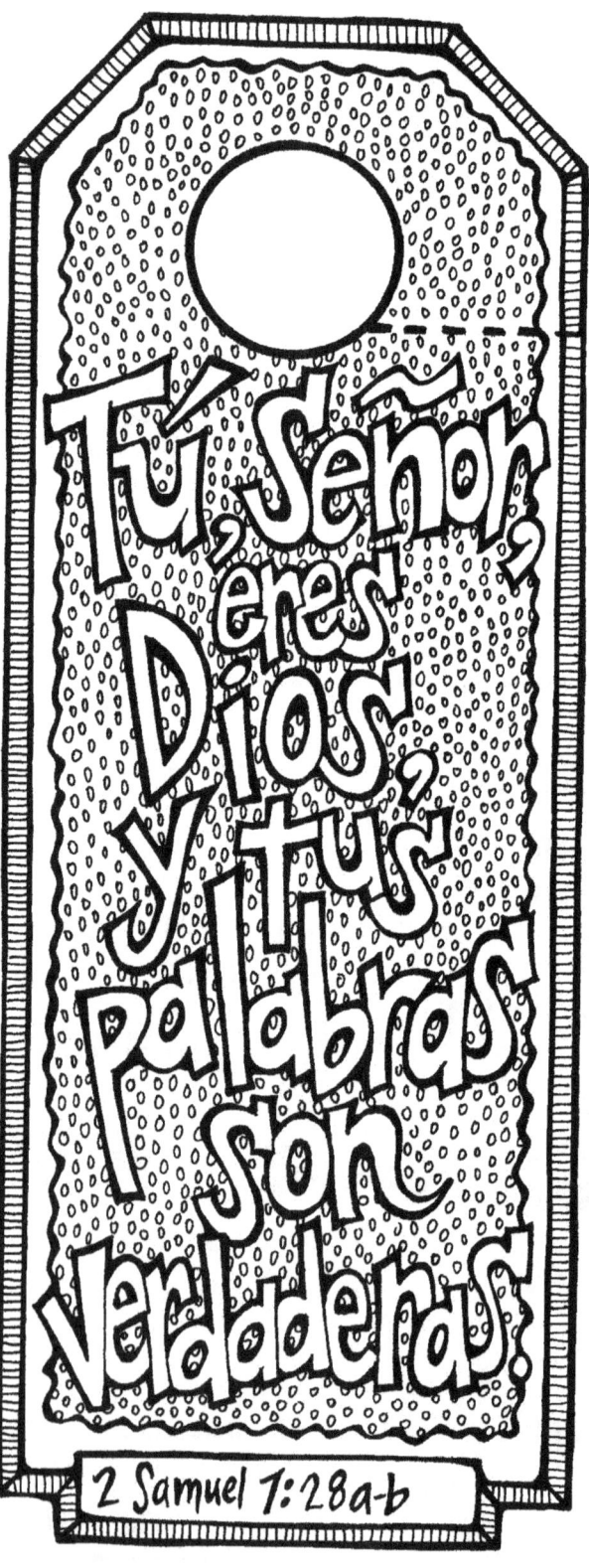

Cántico de

Vengan con gratitud

Vengan con gratitud a Dios,
alabanzas en sus puertas del templo de Dios.
Porque Dios es bueno;
porque Dios es bueno.

LETRA: Salmo 100:4-5a (adaptado); trad. por Jorge A. Lockward
MÚSICA: Phillip R. Dietterich
© 1964 Graded Press; trad. © 1996 Cokesbury, admin. por The Copyright Company, Nashville, TN 37212

Aplaudid

¡Aplaudid! ¡Aplaudid! Cántale y alaba en gozo.
¡Aplaudid! ¡Aplaudid! Cántale y alaba en gozo.
¡Aplaudid! ¡Aplaudid!

¡Bueno es Dios!
¡Le damos gloria!
¡Bueno es Dios!
¡Le damos gloria!

LETRA: Handt Hanson y Paul Murakami; trad. Julito Vargas
MÚSICA: Handt Hanson y Paul Murakami
© 1991; trad. © 2008 Changing Church Forum

Primarios Mayores: Lección 12 **Reproducible 12E**
Permiso de fotocopiado otorgado para el uso de la iglesia local. © 2008 Abingdon Press.

13  Bíblica

Salomón el rey sabio

Entra a la

Versículo bíblico
Cumple las ordenanzas del Señor tu Dios, haciendo su voluntad y cumpliendo sus leyes....
1 Reyes 2:3a

Historia bíblica
1 Reyes 2:1-4

Al hijo de David, Salomón, se le consideró un rey muy sabio. Él fue afortunado al recibir de su padre un reino que se encontraba en paz relativa con los países vecinos. Además gobernaría el reino más grande que Israel hubiera conocido. En este momento histórico Asiría y Egipto se habían debilitado, los que los israelitas atribuyeron a la mano de Dios.

Al acercarse la muerte de David, se desató una lucha por el poder. La Biblia menciona diecinueve hijos que David tuvo con diferentes esposas, y también nos dice de muchos otros hijos que tuvo en concubinas, consideradas esposas, pero de un estatus legal menor (1 Crónicas 3:1-9). Cuando David se encontraba en condición física muy frágil, su cuarto hijo, Adonías, trató de proclamarse rey. Esto forzó a David a asegurarse de que Salomón, el hijo que tuvo con Betsabé, fuera ungido como rey antes de su muerte, con la bendición de su consejero espiritual, el profeta Natán (1 Reyes 1).

La primera muestra de sabiduría de Salmón vino inmediatamente después de su unción. En lugar de buscar a Adonías y sus seguidores para matarles, Salomón calmó la revuelta que había estado a punto de surgir, y ofreció clemencia a Adonías, si se comprometía a no causar más problemas.

Al igual que a David, se le atribuye a Salomón ser la fuente principal del libro de los Salmos, además tres mil observaciones breves sobre la vida, muchas de las cuales se encuentran en el libro de Proverbios. Se sabe que él tenía un grupo de sabios en la corte que lo ayudaban. También se reporta que Salomón había seguido los pasos de su padre, al componer un gran número de cánticos.

No es importante que toda la sabiduría que se le acredita a Salmón se originara en él o no. Lo importante es que, buscó la dirección de Dios pidiendo su sabiduría y entendimiento, y, aunque fuera por un tiempo, trató de seguir los mandamientos y enseñanzas de Dios.

Podemos pedir sabiduría y entendimiento a Dios.

Vistazo a la

ZONA	TIEMPO	MATERIALES	ACCESORIOS DE ZONAS
Acércate a la zona			
Entra a la Zona	5 minutos	página 170, cinta adhesiva, tocadiscos de discos compactos	disco compacto
Mesa de celebración	5 minutos	página 172, mesa pequeña, mantel blanco, tela de colores, vela, Biblia, fotografía de su iglesia	ninguno
Zona Bíblica®			
Gemas de sabiduría	5 minutos	Reproducible 13B, lápices, Biblias	ninguno
Disfruta la historia	10 minutos	Reproducible 13A, proyector, Transparencia 3 (opcional: cortina para baño transparente, marcadores permanentes)	ninguno
Código para el versículo bíblico	5 minutos	Reproducible 13D, lápices, Biblias	ninguno
Fundamentos sabios	5 minutos	página 174, Biblias	pelotas transparentes y coloreadas, martillos inflables
Zona de Vida			
Libro de sabiduría	5 minutos	Reproducible 13C, marcadores, papel de construcción, lápices, hilo de tejer o agujetas, perforadora para papel, tijeras	ninguno
Alabanza y oración	10 minutos	Reproducible 10E y 13E, página 172, mesa de celebración, fotografía de su iglesia, tocadiscos de discos compactos, vela, cerillos o encendedor	disco compacto

Los Accesorios de Zona® se encuentran en el **Paquete de DIVERinspiración®**.

Acércate a la

Escoja una o más actividades para capturar el interés de sus estudiantes.

Materiales:
tocadiscos de discos compactos
página 170
cinta adhesiva

Accesorios de Zona®:
disco compacto

Entra a la Zona

Tenga tocando música del **disco compacto (pistas 9-14)** mientras sus estudiantes llegan. Salúdeles con una feliz sonrisa.

Diga: ¡Bienvenidos a la Zona Bíblica! Estoy feliz de que estén aquí. ¡Este es un lugar divertido donde conoceremos la Biblia!

Si sus estudiantes no se conocen, pida que se pongan las etiquetas con su nombre (pág. 170).

Materiales:
página 172
mesa pequeña
mantel blanco
tela de colores
vela
Biblia
fotografía de su iglesia

Accesorios de Zona®:
ninguno

Mesa de celebración

Pida a un o a una estudiante que haya llegado temprano que le ayude a preparar la mesa de celebración. Prepare la mesa con una vela, una Biblia y un retazo de tela del color que corresponda al color de la estación del año cristiano de acuerdo con las instrucciones de la página 12.

Para esta sesión coloque la **fotografía de su iglesia** al lado de la vela.

Pida a un o a una estudiante que se prepare para hacer la oración final en la sección de alabanza y oración (ver la página 162). Entréguele una copia de la oración de la lección 13 (pág. 172).

Escoja una o más actividades para sumergir a sus estudiantes en la historia bíblica.

Gemas de sabiduría

Introduzca a sus estudiantes a algunos de los proverbios atribuidos a Salomón y su sabiduría.

Distribuya copias del **Reproducible 13B,** "Gemas de sabiduría". Pídales que traten de descubrir las palabras que faltan buscando los versículos en el libro de Proverbios, antes de escribir sus respuestas.

Materiales:
reproducible 13B
lápices
Biblias

Accesorios de Zona®:
ninguno

Disfruta la historia

Use la **Transparencia 3** mientras narra la historia del **Reproducible 13A**. Invite a algunos estudiantes a que actúen la historia silenciosamente mientras otros leen las partes.

La transparencia está en blanco y negro y se puede colorear usando marcadores de tinta permanente.

Si proyecta la transparencia detrás de la cortina transparente de baño, la acción se puede llevar a cabo en el frente y la escena se reflejará por detrás.

Materiales:
Reproducible 13A
Transparencia 3
proyector
opcional: marcadores de tinta permanente, cortina para baño transparente

Accesorios de Zona®:
ninguno

PRIMARIOS MAYORES: LECCIÓN 13

Historia de la Zona Bíblica

Si el arca pudiera hablar
Segunda parte

(Basada en 1 Reyes 2:1-4)

Por Delia Halverson

Han pasado varios años desde que hablé con ustedes, pero sigo siendo el punto central de la fe de Israel. ¿Recuerdan la tienda de campaña en que David me colocó? Ahora tengo un magnífico lugar que llaman el lugar santísimo, exactamente en el centro de un espléndido Templo. Fue construido por Salomón, el hijo de David, quien fue el rey después de la muerte de su padre David.

Les puedo contar lo que ha sucedido desde mi traslado a Jerusalén. Tengo este conocimiento porque el sumo sacerdote viene y trae las oraciones del pueblo de Dios delante de mí. David gobernó por cuarenta años, y justo antes de morir hizo arreglos para que Salomón fuera el rey. Lo llamó y le dijo: "Cumple las ordenanzas del Señor, haciendo su voluntad y cumpliendo sus leyes, mandamientos, decretos y mandatos, según están escritos en la ley de Moisés, para que prosperes en todo lo que hagas y dondequiera que vayas".

Después de la muerte de David, Salomón trató de seguir a Dios en todo. Una noche, después de haber ofrecido un sacrificio en Gabaón, tuvo un sueño donde Dios le dijo que le pidiera lo que quisiera. Salomón reconoció que era joven y que no tenía la experiencia de su padre, así que le pidió sabiduría a Dios para gobernar bien a la nación.

A Dios le agradó esta petición, por lo que le concedió a Salomón sabiduría e inteligencia. Por consiguiente, se llegó a considerar a Salomón como el hombre más sabio del mundo, incluyendo a las personas más sabias del este y Egipto. Reyes de todo el mundo escucharon de su sabiduría y enviaron servidores para que le escucharan. Salomón también construyó el espléndido Templo donde ahora estoy. Le pidió al rey Hiram de Tiro que le ayudara. Hiram dio la orden y sus trabajadores cortaron árboles de pino y cedro del Líbano para el Templo.

Cuando se terminó la parte exterior del Templo, se trabajó en el interior. Hicieron el piso de madera de pino, y cubrieron las paredes con cedro desde el piso hasta el techo. Decoraron las paredes con tallas de flores y frutos.

¡El Templo es magnífico! Y el más grande de todos los recintos, es donde me pusieron a mi, que es el Lugar Santísimo. Está recubierto con oro puro y hay dos estatuas de criaturas aladas, cada una mide quince pies de alto y quince pies de largo, están hechas de madera de olivo y recubiertas de oro. Hay oro por todos lados, incluso cubriendo los pisos y las puertas.

Durante la construcción del Templo me dejaron en el Monte Sión, que también se conocía como la ciudad de David. Cuando se terminó, Salomón reunió a todos los líderes importantes y me llevaron, junto con todos los otros utensilios que se usaban para el culto, hasta el nuevo Templo. Me colocaron en el Lugar Santísimo, bajo las criaturas aladas recubiertas de oro. Cuando todos salían, una nube de luz brillante llenó el Templo, y los sacerdotes no pudieron estar dentro por la brillantez.

El rey Salomón dedicó el Templo como lugar de adoración a Dios, y todo el pueblo se volvía hacia el Templo cuando oraba. Construir este edificio, tomó siete años. ¡Pero es algo para ser visto! Realmente es la casa de Dios. Y Salomón verdaderamente fue un hombre sabio.

Gemas de sabiduría

Salomón fue un rey sabio. Fue conocido por sus muchos y sabios proverbios. Dado que las gemas son las piedras preciosas, llamamos a los dichos sabios, gemas de sabiduría. Busca el pasaje bíblico en cada gema y llena el espacio en blanco con la palabra que falta en el proverbio.

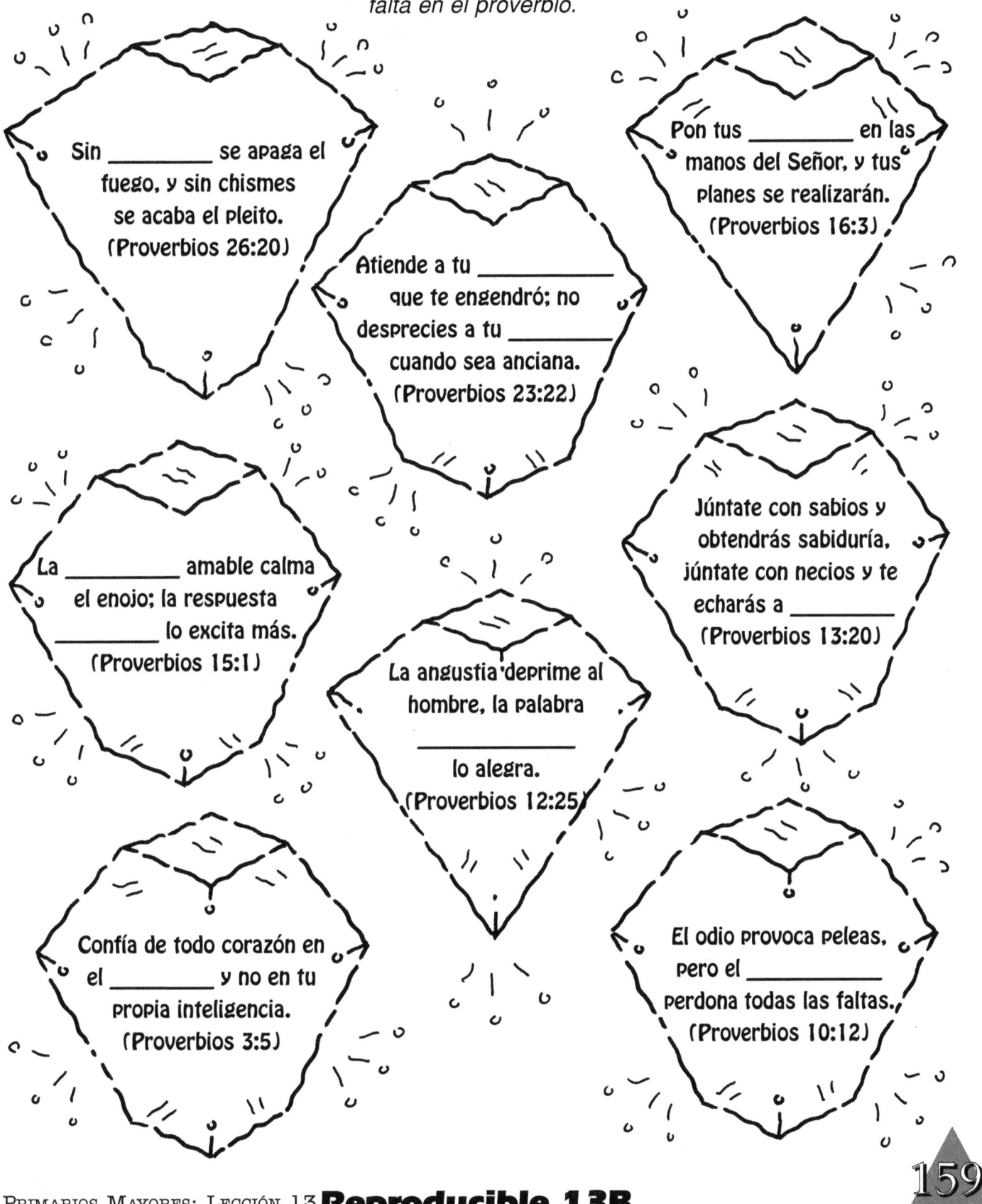

Sin _____ se apaga el fuego, y sin chismes se acaba el pleito. (Proverbios 26:20)

Atiende a tu _____ que te engendró; no desprecies a tu _____ cuando sea anciana. (Proverbios 23:22)

Pon tus _____ en las manos del Señor, y tus planes se realizarán. (Proverbios 16:3)

La _____ amable calma el enojo; la respuesta _____ lo excita más. (Proverbios 15:1)

La angustia deprime al hombre, la palabra _____ lo alegra. (Proverbios 12:25)

Júntate con sabios y obtendrás sabiduría, júntate con necios y te echarás a _____ (Proverbios 13:20)

Confía de todo corazón en el _____ y no en tu propia inteligencia. (Proverbios 3:5)

El odio provoca peleas, pero el _____ perdona todas las faltas. (Proverbios 10:12)

NOMBRE

NOMBRE

Escoja una o más actividades para sumergir a sus estudiantes en la historia bíblica.

Código para versículos bíblicos

Reparta el **Reproducible 13D,** y los lápices. Asegúrese de que sus estudiantes entienden las instrucciones. Anime a sus estudiantes para que resuelvan los problemas matemáticos y completen el rompecabezas antes de que vean el pasaje bíblico.

Materiales:
Reproducible 13D
Biblias
lápices

Accesorios de Zona®:
ninguno

Fundamentos sabios

Divida a la clase en equipos (hasta seis equipos) para una carrera de relevos. Entréguele a cada equipo un **martillo inflable, una pelota transparente y coloreada,** y una copia de la página 174. Coloque a los equipos en el lado opuesto a usted en el aula.

Diga: Salomón fue conocido por su sabiduría y por hacer algo que su padre David no pudo hacer. ¿Qué fue esto? (*Construir el Templo para remplazar la tienda en que se encontraba el arca del pacto y un palacio.*). **Voy a decir la primera parte de un proverbio, y ustedes van a elegir la segunda parte de la lista que les di. Cuando ustedes decidan cuál es la parte correcta, la primera persona en la línea usará el martillo para empujar la bola hacia mi, pero que no me rebase. Esa persona tendrá que recordar la parte final y decírmela en secreto. Si lo hacen bien, empujará la bola de regreso a su equipo. Yo leeré otro proverbio, y será el turno de la otra persona. Si la respuesta no es correcta, esa persona debe regresar a su equipo, empujando la bola con el martillo, obtener otra respuesta, y venir a comprobarla. Jugaremos hasta que todos hayan tenido su turno.**

Al hombre bueno se le recuerda con bendiciones (*al malvado, muy pronto se le olvida*). Pr 10:7
El necio muestra en seguida su enojo (*el prudente pasa por alto la ofensa*). Pr 12:16
Para el inteligente (*el saber es cosa fácil*). Pr 14:6
Ofende a su Creador quien oprime al pobre, (*pero lo honra quien le tiene compasión*). Pr 14:31.
Los ojos radiantes alegran el corazón, (*las buenas noticias dan nuevas fuerzas*). Pr 15:30.
Los planes son del hombre; (*la palabra final la tiene el Señor*). Pr 16:1.
El chismoso (*es causa de enemistades*). Pr 16:28.
Más vale comer pan duro y vivir en paz (*que tener muchas fiestas y vivir peleando*). Pr 17:1.
Ni al tonto le sienta bien el hablar con elegancia (*ni al hombre respetable el hablar con engaños*). Pr 17:7.
El nombre del Señor es una torre poderosa a la que acuden los justos en busca de protección (*el rico cree que sus riquezas son una ciudad protegida por altos muros*). Pr 18:10-11.
Tras el orgullo viene el fracaso (*tras la humildad, la prosperidad*). Pr 18:12
Es una necedad y una vergüenza (*responder antes de escuchar*). Pr 18:13.

Materiales:
página 174
Biblias

Accesorios de Zona®:
martillos inflables
pelotas transparentes y coloreadas

PRIMARIOS MAYORES: LECCIÓN 13

 **de vida**

Escoja una o más actividades para que la Biblia cobre significado en la vida diaria.

Materiales:
Reproducible 13C
  (más de una copia
  por estudiante).
papel de construc-
  ción
lápices
marcadores
hilo de tejer o agujeta
perforadora para
  papel
tijeras

Accesorios de Zona®:
ninguno

Libro de sabiduría

Pida a sus estudiantes algunas sugerencias de dichos sabios. Pueden ser dichos que sus padres o maestros hayan pronunciado, o puede ser un dicho sabio que ellos o ellas hayan inventado.

Reparta copias del **Reproducible 13C** y los lápices, y pida que lo escriban en las páginas y que luego las recorten. También pueden decorar las páginas con marcadores. Asigne a un o una estudiante que terminen primero para que realicen la tarea de crear la portada y la página para manualidades. Podrán ponerle como título, "Nuestro libro de sabiduría".

Cuando terminen de trabajar en las páginas, haga orificios y pase el hilo de tejer o la agujeta por los orificios para mantener juntas las páginas. Coloque el libro en la biblioteca de la iglesia, o déjelo en el aula para una consulta posterior. También puede arreglar que se reproduzcan las páginas para que cada estudiante tenga una copia del libro.

Materiales:
Reproducible 13E
página 172
mesa de celebración
  de su iglesia
tocadiscos de discos
  compactos
vela
cerillos o encendedor

Accesorios de Zona®:
disco compacto

Alabanza y oración

Usando el cántico "Aplaudid" **(Reproducible 7E; disco compacto, pista 11), invite** a la clase a la mesa de celebración para el tiempo de alabanza y oración.

Encienda la vela y pida que observen la fotografía de su iglesia que están sobre la mesa y el color retazo de tela que es el apropiado para la estación.

Pregunte: ¿Por qué creen que tenemos una fotografía de nuestra iglesia en nuestra mesa de celebración? (*el Templo que construyó Salomón fue el lugar de reunió para el culto del pueblo, de la misma manera que nuestra iglesia es el lugar donde nos reunimos para adorar a Dios*). **Además de construir el Templo, ¿por qué otra cosa es famoso Salomón?** (*por su sabiduría ante las situaciones de la vida y por tomar decisiones sabias*).

Reparta el **Reproducible 13E,** y aprendan el cántico: "Hazme entender" **(disco compacto, pista 14).**

Pida a el o la estudiante que asignó con anticipación para que cierre la Lección 13 con la oración (pág. 172): "Dios nuestro, ayúdanos a ser sabios en todas las decisiones que tomemos. Ayúdanos a recordar pedirte que nos guíes. Amén".

Haga una copia de Zona Casera® para cada estudiante en su clase.

ZONA BÍBLICA®

# Casera para estudiantes

DÁTILES CON QUESO

Los dátiles con queso eran una de las comidas más populares en el tiempo de Salomón. Para hacer estos dulces, aperitivos naturales, vas a necesitar un paquete de queso crema de tres onzas, media taza de nueces finamente picadas, y dátiles sin la semilla.

Saca el queso crema del refrigerador una hora antes para que se ablande.

En un tazón, mezcla las nueces con el queso crema.

Usa una cucharadita de esta mezcla para rellenar cada dátil.

Dependiendo del tamaño de los dátiles, puedes hacer dos o tres docenas de estos aperitivos.

Zona para pensar

¿Qué enseñanzas de Jesús te han sido útiles? ¿Cómo puedes compartirlas con otras personas?

Graba algunos consejos sabios

Las personas mayores tienen muchos pensamientos sabios que nosotros podemos aprovechar. Usando una grabadora, entrevista a una persona mayor, pide que te digan algunas palabras sabias que puedan compartir con quienes están creciendo. También le puedes preguntar a esa persona sobre las cosas importantes que han sucedido en su vida, especialmente cuando sintieron que Dios estaba muy cercano a ellos o ellas. Comparte tus entrevistas grabadas con tu familia.

Si no tienes disponible una grabadora, haz algunas notas y escribe la entrevista, registrando esas palabras de sabiduría en papel.

Versículo para memorizar

Cumple las ordenanzas del Señor tu Dios, haciendo su voluntad.

1 Reyes 2:3

Podemos pedir sabiduría y entendimiento a Dios.

Código para el versículo bíblico

Usa el código matemático de abajo para encontrar el número que se usa para cada letra en las palabras del versículo bíblico. Después escribe las letras que correspondan a los números en los espacios en blanco. Revisa tus respuestas leyendo 1 Reyes 2:3 (Versión Dios habla hoy).

A = ___ (15 + 3)
C = ___ (17 + 8 − 3)
D = ___ (9 + 5 + 2)
E = ___ (5 x 4)
H = ___ (97 − 39)
I = ___ (9 + 23)
L = ___ (75 + 8)
M = ___ (36 + 11)
N = ___ (97 − 53)
Ñ = ___ (25 x 3)

O = ___ (75 − 14)
P = ___ (15 − 2 + 4)
R = ___ (18 x 3)
S = ___ (7 + 4)
T = ___ (87 + 12)
U = ___ (81 + 14)
V = ___ (6 + 2 + 7)
Z = ___ (49 + 13)

$\overline{22}\ \overline{95}\ \overline{47}\ \overline{17}\ \overline{83}\ \overline{20}\quad \overline{83}\ \overline{18}\ \overline{11}$

$\overline{61}\ \overline{54}\ \overline{16}\ \overline{20}\ \overline{44}\ \overline{18}\ \overline{44}\ \overline{62}\ \overline{18}\ \overline{11}\quad \overline{16}\ \overline{20}\ \overline{83}$

$\overline{11}\ \overline{20}\ \overline{75}\ \overline{61}\ \overline{54}\quad \overline{99}\ \overline{95}$

$\overline{16}\ \overline{32}\quad \overline{61}\ \overline{11}\quad \overline{58}\ \overline{18}\ \overline{22}\ \overline{32}\ \overline{20}\ \overline{44}\ \overline{16}\ \overline{61}$

$\overline{11\ 95}\quad \overline{15}\ \overline{61}\ \overline{83}\ \overline{95}\ \overline{44}\ \overline{99}\ \overline{18}\ \overline{16}$

Reproducible 13D

Permiso de fotocopiado otorgado para el uso de la iglesia local. © 2008 Abingdon Press.

Zona Bíblica®

Cántico de

Hazme entender

Hazme entender y distinguir el bien del mal,
Dame principios que fuerzas den.
Quiero servirte por siempre, Dios.

LETRA: Delvon B. Goodman trad. por Julito Vargas
MÚSICA: Delvon B. Goodman
© 2003; trad. © 2008 Cokesbury, admin. por The Copyright Co., Nashville, TN 37212

Aplaudid

¡Aplaudid! ¡Aplaudid! Cántale y alaba en gozo.
¡Aplaudid! ¡Aplaudid! Cántale y alaba en gozo.
¡Aplaudid! ¡Aplaudid!

¡Bueno es Dios!
¡Le damos gloria!
¡Bueno es Dios!
¡Le damos gloria!

LETRA: Handt Hanson y Paul Murakami; trad. Julito Vargas
MÚSICA: Handt Hanson y Paul Murakami
© 1991; trad. © 2008 Changing Church Forum

PRIMARIOS MAYORES: LECCIÓN 13 **Reproducible 13E**
Permiso de fotocopiado otorgado para el uso de la iglesia local. © 2008 Abingdon Press.

Zona de arte

Estrellas auto-sostenibles

Las estrellas se han convertido en un símbolo cristiano, porque nos recuerdan que los sabios de oriente siguieron una estrella cuando iban en busca de Jesús. Sus estudiantes pueden hacer una estrella tri-dimensional auto-sostenible para que recuerden el regalo que Dios nos dio en Jesús.

Necesitará el patrón de la estrella que se muestra en la página siguiente, papel grueso, tijeras y marcadores. Haga fotocopias del patrón de la estrella en papel grueso. Dé a cada estudiante una copia de la página de la estrella. Pida que la recorten las estrellas.

Anime a sus estudiantes para que decoren las estrellas con marcadores. Recuérdeles decorarlas por ambos lados, ya que ambos lados serán visibles.

Pídales que corten una abertura en cada estrella, comenzando de afuera hacia adentro de la estrella. Muestre cómo poner las dos estrellas juntas. (La estrella durará más si las unen con cinta adhesiva por las abertura).

Diga a sus estudiantes que lleven sus estrellas a casa y las coloquen sobre un escritorio, mesa u otra superficie plana. También pueden hacer un orificio en la punta de una de ellas, pasar un trozo de hilo de tejer o lazo por el orificio y colgar la estrella del techo.

 de arte

 de arte

¿Cuál es la letra?

Este juego se realiza como el de "Colgado", pero con un giro.

Elija un versículo bíblico de esta unidad. (si es posible, elija un versículo que sus estudiantes ya conozcan). Dibuje líneas para representar las letras de las palabras de ese versículo. No es necesario dibujar una horca; deje que sus estudiantes sigan adivinando hasta que llenen todos los espacios.

Pida a sus estudiantes que tomen turnos tratando de adivinar las letras del versículo. Pero en lugar de decir las letras, cada estudiante debe hacer algo que comience con esa letra. Por ejemplo, si la letra es P, el estudiante debe actuar como un *perro*, o que simule *pintar* un muro, o usar una *pala*.

Cualquier estudiantes puede tratar de averiguar la primera letra de lo que el estudiante está representando. Si la letra va en el espacio, el estudiante tiene otro turno. Si no, el estudiante siguiente toma su turno.

Goliat te atrapa

Elija a alguien para que sea Goliat. Pida al resto de sus estudiantes que formen un círculo. Que Goliat se coloque en el centro del círculo, que extienda sus brazos hacia el frente y camine hacia un estudiante en el círculo. Esa persona debe mencionar el nombre de alguien en el círculo antes de que Goliat le toque.

Si Goliat alcanza a esa persona antes, entonces cambian de lugar, y el nuevo estudiante se convierte en Goliat. Si la persona nombra a alguien antes de que Goliat le toque, entonces Goliat debe ir hacia él o ella.

Si quiere que el juego se convierta en una competencia, haga que la persona que Goliat toque, abandone el círculo. Jueguen hasta que todos hayan sido eliminados excepto por Goliat y otro estudiante que quede en el círculo.

"Nombres bíblicos" Referencias bíblicas (lección 2)	"Promesas" Referencias bíblicas (lección 5)
Génesis 21:1-7 El hombre del que se habla en este pasaje es _____	Génesis 9:8-13 La promesa de Dios para _____
Génesis 25:24-26 El nombre del gemelo que nació primero es _____	Génesis 17:1-2 La promesa de Dios para _____
Génesis 25:24-26 El nombre del gemelo que nació segundo es _____	Génesis 28:10-15 La promesa de Dios para _____
Génesis 35:16-18 El nombre del niñito en este pasaje es _____	Números 23:19 Dios siempre _____
Éxodo 2:1-10 El nombre del niñito en este pasaje es _____	Deuteronomio 26:16-19 La promesa de Dios para _____
1 Samuel 1:19-20 El nombre del niñito en este pasaje es _____	Jeremías 31:31-34 La promesa de Dios para _____
1 Samuel 16:12 El nombre del muchacho ungido es _____	1 Corintios 11:25 La promesa de Dios para _____
Oseas 1:1 Dios le dio un mensaje a _____	

ORACIONES DE CLAUSURA

(Lecciones 1–6)

Lección 1

Amado Dios, te damos gracias por enviar a Jesús para mostrarnos el camino de vida. Ayúdanos a seguirlo en todo lo que hagamos. Amén".

Lección 2

Dios nuestro, te damos gracias por Jesús, que nos enseñó una nueva manera de conocerte. Siempre iremos a ti por ayuda. Amén".

Lección 3

Dios nuestro, recordamos las historias del niñito Jesús, y pensamos en los bebés de nuestra iglesia y de los amigos de nuestras familias. Te damos gracias por sus vidas. También pensamos en los niñitos y niñitas para quienes parece que no hay un lugar en el mundo. Ayúdanos a mostrarles tu amor. Amén.

Lección 4

Amado Dios, te damos gracias porque distes primero las buenas nuevas del nacimiento de Jesús a los pastores. Si las buenas nuevas fueron para los pastores, entonces deben ser para todos nosotros también. Gracias. Amén.

Lección 5

Dios amado, gracias por las personas en el tiempo de Jesús a las que distes sabiduría y por las personas mayores a quien se las has dado hoy. Ellas nos ayudan a cumplir las promesas que te hacemos. Amén.

Lección 6

Dios nuestro, sabemos que enviaste a Jesús para todo el mundo, no solamente para quienes vivían en Israel durante el tiempo de su nacimiento. Gracias por incluirnos en tu plan. Amén".

ORACIONES DE CLAUSURA

(Lecciones 7, 9–13)

Lección 7
Amado Dios, sabemos que nos amas tal cual somos. Ayúdanos a recordarlo cuando alguien nos trate mal. Amén".

Lección 9
Amado Dios, algunas veces tenemos problemas para saber cómo hacer lo que sabemos que quieres que hagamos. Ayúdanos a recordar 'a pensar fuera de la caja' para poder seguirte. Amén".

Lección 10
"Nuestro Dios y amigo, te agradecemos por la amistad que tenemos contigo, y la amistad que tenemos los unos con los otros. Sabemos que nos has dado un amigo cuando _____ (*permita que sus estudiantes mencionen símbolos de amistad antes de continuar*). Ayúdanos a ser el tipo de amigos o amigas que a nosotros nos gustaría tener. Amén.

Lección 11
"Oh, Dios de David y Dios nuestro, a veces tenemos decisiones difíciles de tomar. Te pedimos que nos guíes en esas decisiones tal como lo hiciste con David".

Lección 12
Oh Dios, te damos gracias porque cumples las promesas que nos haces. Ayúdanos a estar unidos ante tu presencia, y hacer lo que tú quieres que hagamos en el nombre de Jesús oramos. Amén".

Lección 13
Dios nuestro, ayúdanos a ser sabios en todas las decisiones que tomemos. Ayúdanos a recordar pedirte que nos guíes. Amén".

Explora los Salmos
(Lección 8)

Salmo 22:1, 14-15	Salmo 43:1-2	Salmo 69:1-8	Salmo 137:7-9
Salmo 31:9-14	Salmo 44:23-26	Salmo 77:1-3	Salmo 142:1-7
Salmo 35:25-28	Salmo 55:20-23	Salmo 86:1-7	Salmo 143:1-8

Haz una caja
(Lección 9)

CONECTAR LOS PROVERBIOS
(Lección 13)

_____   ... *las buenas noticias dan nuevas fuerzas. (Proverbios 15:30)*

_____   ... *responder antes de escuchar. (Proverbios 18:13)*

_____   ... la palabra final la tiene el Señor. (Proverbios 16:1)

_____   .... el prudente pasa por alto la ofensa. (Proverbios 12:16)

_____   ... que tener muchas fiestas y vivir peleando. (Proverbios 17:1)

_____   ... *es causa de enemistades. (Proverbios 16:28)*

_____   .... ni al hombre respetable el hablar con engaños. (Proverbios 17:7)

_____   ... el rico cree que sus riquezas son una ciudad protegida por altos muros. (Proverbios 18:10-11)

_____   ... tras la humildad, la prosperidad. (Proverbios 18:12)

_____   ... al malvado, muy pronto se le olvida. (Proverbios 10:7)

_____   ... el saber es cosa fácil. (Proverbios 14:6)

_____   ... pero lo honra quien le tiene compasión (Proverbios 14:31)

Comentarios de usuarios

Use la siguiente escala para calificar los recursos de ZONA BÍBLICA®
Si no usó alguna sección, escriba "no la usé" en el espacio para comentarios.

1 = En ninguna lección   2 = En algunas lecciones   3 = En la mayoría de las lecciones

1. *Entra a la Zona* proveyó información que me ayudó a enseñar la Escritura en la lección.

   1   2   3   4   Comentarios:

2. La tabla *Vistazo a la Zona* hizo fácil la planeación de la lección.

   1   2   3   4   Comentarios:

3. El plan de enseñanza fue organizado de manera que lo hizo fácil de usar.

   1   2   3   4   Comentarios:

4. La Guía del maestro proveyó instrucciones fáciles de seguir para las actividades de aprendizaje.

   1   2   3   4   Comentarios:

5. Pude encontrar fácilmente en mi casa o iglesia los materiales necesarios para hacer las actividades.

   1   2   3   4   Comentarios:

6. Mis estudiantes fueron capaces de entender las lecciones de En la Zona®.

   1   2   3   4   Comentarios:

7. Las actividades eran adecuadas para el nivel de aprendizaje y habilidades de mis estudiantes.

   1   2   3   4   Comentarios:

8. El número de actividades del plan de la lección funcionó bien para el tiempo que tenía disponible (indique cuánto tiempo) _____.

   1   2   3   4   Comentarios:

9. Usé las actividades de la sección Zona de Juego® de la Guía del maestro.

   1   2   3   4   Comentarios:

10. Usé las actividades de la sección Zona de Arte® de la Guía del maestro.

    1   2   3   4   Comentarios:

11. Usé el disco compacto en mi salón.

    1   2   3   4   Comentarios:

12. Usé los objetos del Paquete de DIVERinspiración® de la Zona Bíblica®.

    1   2   3   4   Comentarios:

13. Mandé a casa la hoja Zona Casera® para los padres.

    1   2   3   4   Comentarios:

14. Me gustaría ver las siguientes historias en Zona Bíblica®:

COMENTARIOS ADICIONALES

TÍTULO DE LA UNIDAD: EN LA CIUDAD DE DAVID

Actividades que mis alumnos disfrutaron más:

Actividades que mis alumnos disfrutaron menos:

Usé Zona Bíblica® para_____Escuela dominical _____Segunda hora de Escuela dominical _____Iglesia de niños

_____miércoles por la noche _____domingos en la noche _____compañerismo infantil _____otro.

ACERCA DE MI GRUPO [CLASE]

Número de estudiantes y edades en mi grupo

_____9 años _____10 años _____11 años _____12 años

_____otra edad (especifique) _____

Número promedio de estudiantes que asistían a mi clase cada semana:_____

Enseñé: _____solo(a) _____con otro maestro(a) cada semana

_____tomando turnos con otros maestros _____con un ayudante adulto

ACERCA DE MI IGLESIA

_____rural _____pueblo pequeño _____central _____suburbana

_____menos de 200 miembros _____200-700 miembros _____más de 700 miembros.

Nombre y dirección de la iglesia: _____

Mi nombre y dirección: _____

Por favor mande este formulario a:
Amy Smith
Departamento de Investigación
201 8th Ave., So.
P.O. Box 801
Nashville, TN 37202-0801

CRÉDITOS DEL DISCO COMPACTO

#1 – Estos astros
LETRA: Richard K. Avery y Donald S. Marsh; trad. por Julito Vargas
MÚSICA: Richard K. Avery y Donald S. Marsh
© 1979; trad. 2008 Hope Publishing Co., Carol Stream, IL 60188
Todos los derechos reservados. Usado con permiso. Para permiso para reproducir este himno, ponerse en contacto con Hope Publishing Co. llamando al 1-800-323-1049 o www.hopepublishing.com

#2 – Ve, di en la montaña
LETRA: Himno folklórico americano; adapt. por John W. Work; trad. por Anita González
MÚSICA: GO TELL IT ON THE MOUNTAIN; arm. por John W. Work
Trad. © 2008 Abingdon Press, admin. por The Copyright Co., Nashville, TN 37212

#3 – Di, María
LETRA: Richard K. Avery y Donald S. Marsh; trad. por Julito Vargas
MÚSICA: Richard K. Avery y Donald S. Marsh
© 1967-76; trad. © 2008 por Richard K. Avery y Donald S. Marsh en The Averyt-Marsh Songbook. Usado con permiso. Proclamation Productions, Inc. Port Jervis, NY 12771

#4 – Gente en tinieblas
LETRA: Dosia Carlson; trad. por Julito Vargas
MÚSICA: Dosia Carlson
© 1983; trad. © 2008 Dosia Carlson. Usada con permiso

#5 – Noel africano
LETRA: Canción folklórica de Liberia; trad. por Julito Vargas
MÚSICA: Canción folklórica de Liberia
Trad. © 2008 Abingdon Press, admin. por The Copyright Co., Nashville, TN 37212

#6 – La virgen María tuvo un niño
LETRA: Villancico de las Indias Occidentales; trad. por Julito Vargas
MÚSICA: Villancico de las Indias Occidentales
© 1945; trad. © 2008 Boosey & Co. Ltd., admin. por Boosey and Hawkes, Inc.

#7 – Presentes de los animales
LETRA: Villancico francés del siglo XII; trad. por Julito Vargas
MÚSICA: Melodía medieval francesa
Trad. © 2008 Abingdon Press, admin. por The Copyright Co., Nashville, TN 37212

#8 – Ha nacido el niño Dios
LETRA: Villancico tradicional de Francia, siglo XIX; trad. de J. Alonso Lockward
MÚSICA: Villancico tradicional de Francia, siglo XVIII; arm. de Carlton R. Young
Trad. © 1996 Abingdon Press; arm. © 1989 The United Methodist Publishing House, admin. por The Copyright Company, Nashville, TN 37212

#9 – Fuerte, audaz debes ser
LETRA: Morris Chapman; trad. por Julito Vargas
MÚSICA: Morris Chapman
© 1984; trad. © 2008 Word Music Inc. (ASCAP), 65 Music Square West, Nashville, TN 37203
Todos los derechos reservados. Derechos internacionales asegurados. Usado con permiso

#10 – El Señor mi pastor es
LETRA: Salmo 23; trad. por Marta L. Sanfiel
MÚSICA: Tradicional
Trad. © 1996 Cokesbury, admin. por The Copyright Company, Nashville, TN 37212

#11 – Aplaudid
LETRA: Handt Hanson y Paul Murakami; trad. Julito Vargas
MÚSICA: Handt Hanson y Paul Murakami
© 1991; trad. © 2008 Changing Church Forum

#12 – Todos alaben
LETRA: J. Jefferson Cleveland; trad. por Diana Beach
MUSICA: J. Jefferson Cleveland
© 1981; trad. © 2008 J. Jefferson Cleveland

#13 – Vengan con gratitud a Dios
LETRA: Salmo 100:4-5a (adaptado); trad. por Jorge A. Lockward
MÚSICA: Phillip R. Dietterich
© 1964 Graded Press; trad. © 1996 Cokesbury, admin. por The Copyright Company, Nashville, TN 37212

#14 – Hazme entender
LETRA: Delvon B. Goodman trad. por Julito Vargas
MÚSICA: Delvon B. Goodman
© 2003; trad. © 2008 Cokesbury, admin. por The Copyright Co., Nashville, TN 37212

www.ingramcontent.com/pod-product-compliance
Lightning Source LLC
Chambersburg PA
CBHW081920170426
43200CB00014B/2781